1000 MOTS D'ESPRIT

Claude Gagnière

1000 MOTS D'ESPRIT

Les meilleures citations
de Confucius à Woody Allen

Robert Laffont

Ce livre est une sélection de textes issus
de *Le Bouquin des citations*, paru
chez Robert Laffont en 2001.

ISBN 978-2-7578-0735-4
(ISBN 2-221-08638-4, Iʳᵉ édition)

© Éditions Robert Laffont, SA, Paris, 1996
et Points 2008 pour la présente édition

LE GOÛT DES MOTS

UNE COLLECTION DIRIGÉE PAR PHILIPPE DELERM

Les mots nous intimident. Ils sont là, mais semblent dépasser nos pensées, nos émotions, nos sensations. Souvent, nous disons : « Je ne trouve pas les mots. » Pourtant, les mots ne seraient rien sans nous. Ils sont déçus de rencontrer notre respect, quand ils voudraient notre amitié. Pour les apprivoiser, il faut les soupeser, les regarder, apprendre leurs histoires, et puis jouer avec eux, sourire avec eux. Les approcher pour mieux les savourer, les saluer, et toujours un peu en retrait se dire je l'ai sur le bout de la langue – le goût du mot qui ne me manque déjà plus.

Ph. D.

Un bon mot vaut mieux qu'un mauvais livre.
Jules Renard

Car je fais dire aux autres ce que je ne
puis si bien dire, tantôt par faiblesse de
mon langage, tantôt par faiblesse de mes sens.
Je ne compte pas mes emprunts, je les pèse.
Montaigne

Le moyen infaillible de rajeunir une
citation est de la faire exacte.
Émile Faguet

Merci...

Merci à tous les amis qui, en acceptant d'entrouvrir pour moi leur bibliothèque ou leur mémoire, m'ont permis de découvrir d'autres trésors jusque-là inconnus de moi.

Antoine Audouard – Yvan Audouard – Pierre Belfond – Albert Benloulou – Renaud Bombard – Raymond Castans – Bernard Clavel – Karsten Diettrich – Michel et Nicole Jeury – Henriette Joël... et surtout Serge Beucler.

CL. G.

NOTE DE L'ÉDITEUR

Il est un auteur à la plume féconde et inspirée dont la signature se rencontre si souvent dans les dictionnaires de citations qu'il est permis de se demander s'il ne serait pas l'un des écrivains majeurs et méconnus de notre littérature. Retenez bien son nom : il s'appelle Anonyme.

La phrase brillante dont vous ignoriez l'auteur, les pensées célèbres qui courent les rues, tous ces aphorismes dont se retrouve, à peine modifiée, la trace à travers les siècles, ont été conçus par un même cerveau, celui d'Anonyme.

Il était temps aujourd'hui de lui rendre justice. Et pourquoi s'en tenir là ?

Ne vaut-il pas mieux, après tout, désigner Anonyme comme l'auteur d'une phrase orpheline que de se tromper de père en l'attribuant systématiquement à n'importe quel géniteur célèbre et à la mode ?

La citation est, par excellence, le domaine où l'on ne prête qu'aux riches. Messieurs Alphonse Allais, Tristan Bernard, Jules Renard ou Sacha Guitry – qui sont pourtant les auteurs incontestables de mots irrésistibles – pourraient en témoigner, eux dont les noms sont invoqués dans les soirées en ville, pour cautionner les citations approximatives de l'amuseur de service.

CL. G.

PRÉFACE

« J'ai toujours rencontré si peu d'esprit autour de moi qu'il a bien fallu que j'utilise le mien ! » écrivait sans modestie excessive Paul Léautaud dans son *Journal*. Sans doute le vieux ronchon avait-il quelques raisons de déplorer la sottise de ses contemporains et de constater qu'à l'inverse du bon sens l'esprit n'avait jamais été la chose au monde la mieux partagée. D'où la nécessité pour les plus pauvrement dotés de se fournir auprès d'autres qui en avaient à revendre.

Sophie Arnould ne fut pas seulement la cantatrice célèbre grâce à laquelle triomphèrent les opéras de Gluck et de Rameau, elle était aussi l'amie des philosophes et d'abord du plus grand d'entre eux, ce Monsieur de Voltaire à qui elle adressa un jour le charmant billet que voici :

« Monsieur, je serais heureuse que vous vinssiez demain déjeuner chez moi. Vous ne vous amuserez pas beaucoup car je n'ai pas d'esprit… mais votre visite me permettra d'en avoir le lendemain, car j'ai bonne mémoire. »

Était-il possible de faire preuve de plus d'esprit

dans la lettre même où l'on prétendait en manquer ? Ce que savait d'expérience la belle Sophie, et qu'elle se gardait bien de dire, c'est qu'avoir de la mémoire ne suffit pas à acquérir pour autant un brevet d'esprit ! Réchauffer platement un trait d'humour entendu la veille ne saurait passer pour de l'intelligence, car il faut avoir de l'esprit soi-même pour bien citer celui des autres, de la même façon qu'il y a de la grâce à bien cueillir les roses !

Chaque siècle a vu naître quelques écrivains d'exception qui semblent n'être venus au monde que pour répandre autour d'eux l'intelligence, la sagesse ou la folie, la poésie, la dérision, la beauté, la révolte ou le rire.

Dans leurs œuvres, quelques phrases scintillent comme autant de paillettes au soleil, qui méritent d'être recueillies et conservées par quelques « orpailleurs » de mots.

L'accumulation de ces formules lumineuses constitue un trésor d'esprit dans lequel les générations successives n'ont pas manqué de puiser à pleins bras. Chacune de ces phrases – sentence, paradoxe, maxime, alexandrin, aphorisme, boutade ou apophtegme –, citée à point nommé, ajoute du charme ou du piquant à la plus banale des conversations, et la surprise heureuse qu'elle provoque est non seulement un hommage à son auteur, mais également un brevet de culture décerné à celui qui a su la citer – la ressus... citer ! – avec esprit.

« Immédiatement après l'auteur d'une sentence

vient le premier qui la cite », écrivait Emerson. Depuis trente siècles que les hommes ont pris l'habitude de penser et d'écrire, tout a été dit ou presque, et c'est davantage dans les mots que dans les idées que doit se rechercher l'originalité.

« Car un bon mot n'est un bon mot qu'en ce qu'il dit une chose que chacun pensait, et qu'il la dit d'une manière vive, fine et nouvelle », disait le vieux Boileau. Déjà !

Une bonne citation serait donc celle qui, à partir des idées de tout le monde, exprimerait les choses comme personne.

Ainsi va l'esprit, à travers les siècles et les générations, nourri de citations vieilles comme le monde et toujours recommencées. Quelques intellectuels, qui ne voudraient voir en lui qu'un produit de culture élaboré dans ces serres prestigieuses que sont les académies, les cénacles d'auteurs et les salons littéraires, en feraient volontiers leur propriété exclusive. Pour un peu, ces beaux esprits oublieraient l'existence d'un mauvais esprit, enfant naturel du premier, né dans la rue comme une fleur de plein vent. On lui doit des phrases belles, inattendues, sauvages, parfois urticantes ou pleines d'épines.

Dans les bistrots, sur les trottoirs, sur les murs, le langage noble et les idées reçues sont souvent mis à mal. L'absurde, le burlesque, les mots scandaleux et argotiques inspirent ces citations qui sont reprises dans les films, les pièces ou les romans populaires.

À un sot qui prétendait avec dédain : « De nos

jours, l'esprit court les rues... », un homme d'esprit répliqua : « Sans doute est-ce pour cela qu'il est si difficile à attraper ! »

Des dictionnaires ou des recueils de citations ont été publiés par dizaines. Aucun ne ressemble à l'autre, car chacun est le portrait de son auteur, de ses goûts, de son humeur et de ses lectures. Tous, autant que nous sommes, sommes faits de mots et de phrases, et nos citations sont plus nous que nous. Dis-moi ce que tu cites et je te dirai qui tu es !

L'auteur d'un recueil de citations ne doit pas se reconnaître d'autre mérite que celui de l'hôte qui a réuni tous les amis brillants et drôles, tous les littérateurs, philosophes, poètes et tous les mauvais garçons aussi, les révoltés ou les fous qu'il a fréquentés et aimés à travers leur œuvre. Il n'a pas de plus grand plaisir que de les faire connaître à ses lecteurs afin de partager son bonheur avec eux.

« Je m'arrêterais de mourir s'il me venait un bon mot », plaisantait Voltaire.

Vous trouverez dans ces pages, ami lecteur, deux mille cinq cents bonnes raisons de vivre longtemps, heureux et sage. Se passionner pour des phrases dont certaines méritent d'être éternelles, n'est-ce pas s'approcher si peu que ce soit de l'immortalité ?

Claude GAGNIÈRE

A

Abbé Pierre

J'ai arrêté d'envoyer de vieux habits à l'abbé Pierre : il ne les met jamais !

JOSÉ ARTUR

Absence

L'absence est à l'amour ce qu'est au feu le vent, Il éteint le petit, il allume le grand.

ROGER DE BUSSY-RABUTIN

Qu'il faut donc aimer quelqu'un pour le préférer à son absence !

JEAN ROSTAND

Absent

Les absents ont toujours tort.

PHILIPPE NÉRICAULT dit DESTOUCHES

Les absents ont toujours tort de revenir.

JULES RENARD

C'est en amour surtout que les absents ont tort.

POL MERCIER et ÉDOUARD FOURNIER

Académicien

Un académicien, c'est un type qui a un pied dans la tombe et qui écrit avec l'autre.

Anonyme

Les académiciens français se demandent toujours ce que les trente-neuf autres font sous la Coupole.

PHILIPPE BOUVARD

Académicien ? Non. Le costume coûte trop cher. J'attendrai qu'il en meure un de ma taille.

TRISTAN BERNARD

Il n'est pas déshonorant d'être académicien ; ce qui est déshonorant, c'est d'être candidat.

TRISTAN BERNARD

Académie

Quand je n'aurai plus qu'une paire de fesses pour penser, j'irai l'asseoir à l'Académie.

GEORGES BERNANOS

Quarante appelés et peu de lus.

PIERRE VÉRON

Ces gens doctement ridicules
Parlant de tout, nourris de vent
Et qui pèsent si gravement
Des points, des mots et des virgules.

VOLTAIRE

Ils sont quarante qui ont de l'esprit comme quatre.

ALEXIS PIRON

Les vieillards tiennent beaucoup à leurs idées. C'est pourquoi les naturels des îles Fidji tuent leurs parents quand ils sont vieux. Ils facilitent ainsi l'évolution, tandis que nous en retardons la marche en faisant des académies.

ANATOLE FRANCE

L'Académie ? Avec une minuscule, c'est un corps de jolie femme. Avec une majuscule, c'est un corps de vieux barbons.

PAUL MORAND

L'Académie est le chef-d'œuvre de la puérilité sénile.

VICTOR HUGO

Les académies sont des sociétés comiques où l'on garde son sérieux.

MME DE LINAUGE

Si tu écris à Jules Lemaitre[1], mets sur l'enveloppe « de l'Académie française ». Tu feras plaisir à Lemaitre et à la direction des postes de ton village.

JULES RENARD

---

1. Élu en 1895 au vingtième fauteuil.

Accent

Les asiles de déments comportent dans leur personnel des internes et des internés. J'ai beaucoup fréquenté ces deux classes de gens et la vérité me contraint à déclarer qu'entre ceux-ci et ceux-là ne se dresse que l'épaisseur de l'accent aigu.

ALPHONSE ALLAIS

Emporter avec soi son accent familier,
C'est emporter un peu sa terre à ses souliers ;
Emporter son accent d'Auvergne ou de Bretagne,
C'est emporter un peu sa lande ou sa campagne.
… Avoir l'accent, enfin, c'est, chaque fois qu'on cause,
Parler de son pays en parlant d'autre chose.

MIGUEL ZAMACOÏS

Accouplement

Les seules créatures qui s'accouplent en se faisant face sont l'homme et le sandwich au pâté.

FRANÇOIS CAVANNA

Adjectif

La crainte de l'adjectif est le commencement du style.

PAUL CLAUDEL

Adulte

Être adulte, c'est être seul.

JEAN ROSTAND

Adultère

Si le Christ a pardonné à la femme adultère, c'est parce que ce n'était pas la sienne.

Anonyme

Âge

Un peintre a l'âge de ses tableaux ; un poète a l'âge de ses poèmes ; un scénariste a l'âge de ses films. Seuls les imbéciles ont l'âge de leurs artères.

HENRI JEANSON

L'âge, c'est lorsque les bougies commencent à coûter plus cher que le gâteau.

BOB HOPE

Il y a quatre âges dans la vie de l'homme :
– celui où il croit au Père Noël ;
– celui où il ne croit plus au Père Noël ;
– celui où il *est* le Père Noël ;
– celui où il ressemble au Père Noël.

Anonyme

Oh ! l'âge, tu sais, ça dépend des jours ! Hier, je n'en avais pas, aujourd'hui j'ai quinze ans, et demain nous fêterons peut-être mon centenaire.

LOUISE DE VILMORIN

21 février 1945. J'ai cinquante-dix ans !

SACHA GUITRY

Agnostique

Je suis agnostique. Ce qui ne veut pas dire que je ne crois pas, mais que je ne sais pas si je crois.

FRANÇOIS MITTERRAND

Ail

Mangez beaucoup d'ail. Il rajeunit l'organisme et écarte les importuns.

ALEXANDRE VIALATTE

Aimer

Aimer une femme, c'est surestimer la différence qui existe entre une femme et une autre.

GEORGE BERNARD SHAW

Pour moi, être aimé n'est rien, c'est être préféré que je désire.

ANDRÉ GIDE

Savoir aimer, c'est ne pas aimer. Aimer, c'est ne pas savoir.

MARCEL JOUHANDEAU

Pour aimer les femmes, il ne faudrait pas les connaître, et pour les connaître, il ne faudrait pas les aimer.

EDMOND JALOUX

Il est évidemment bien dur de ne plus être aimé quand on aime, mais cela n'est pas comparable à l'être quand on n'aime plus.

GEORGES COURTELINE

Aimer, c'est n'avoir plus droit au soleil de tout le monde. On a le sien.

MARCEL JOUHANDEAU

Est-ce ma faute à moi si j'aime mieux les femmes que j'aime que les femmes que je n'aime pas ?

ABBÉ PRÉVOST

Alchimie

À notre époque, on se refuse à croire que le plomb puisse être transformé en or… jusqu'au moment où on reçoit la facture du plombier.

GEORGE BERNARD SHAW

Alcoolique

Un alcoolique, c'est quelqu'un que vous n'aimez pas et qui boit autant que vous.

PETER YATES

Alexandrin

Le poète est soumis à cette loi si dure
Qui veut qu'avec six pieds d'une égale mesure
De deux alexandrins, côte à côte marchant,
L'un serve pour la rime et l'autre pour le sens

Si bien que, sans rien perdre, en bravant cet usage,
On pourrait retirer la moitié d'un ouvrage.

VOLTAIRE

Un beau vers a douze pieds, et deux ailes.

JULES RENARD

Altitude
La Meije a 3 998 mètres. Il lui manque deux mètres pour faire les 4 000.
– C'est de la poisse !

TRISTAN BERNARD

Ambiance
C'est la lumière qui baisse et les prix qui montent.

WILLIAM ATTWOOD

Ambition
Ce qui a perdu Napoléon c'est l'ambition. S'il était resté simple officier, il serait encore sur le trône.

HENRI MONNIER

Toute opinion est indifférente aux ambitieux, pourvu qu'ils gouvernent.

HENRI BERNARDIN DE SAINT-PIERRE

L'ambition fait souvent accepter les fonctions les plus basses : c'est ainsi qu'on grimpe dans la même posture que l'on rampe.

JONATHAN SWIFT

Âme

Cent mille âmes, combien cela peut-il faire d'hommes ?

JULES RENARD

Rendre l'âme ? d'accord, mais à qui ?

SERGE GAINSBOURG

Son âme prend du ventre.

JULES RENARD

L'âme naît vieille dans le corps ; c'est pour la rajeunir que celui-ci vieillit.

OSCAR WILDE

Américains

Ils sont forts, courageux et cons.

CHARLES DE GAULLE

Les Américains, dans leurs rapports avec les étrangers, paraissent impatients de la moindre censure et insatiables de louanges.

ALEXIS DE TOCQUEVILLE

Les Américains sont heureux quand ils peuvent ajouter une maisonnette à leur garage.

GEORGE BERNARD SHAW

La raison pour laquelle le mâle américain préfère une femme belle plutôt qu'intelligente, c'est parce qu'il voit mieux qu'il ne pense.

FARAH FAWCETT

Le businessman américain est un monsieur qui, toute la matinée, parle de golf à son bureau et qui, le reste de la journée, discute affaires sur un terrain de golf.

JERRY LEWIS

Amérique

Bien sûr, l'Amérique avait été découverte avant Christophe Colomb, mais le secret avait été bien gardé.

OSCAR WILDE

Ami

L'homme n'a pas d'amis, c'est son bonheur qui en a.

NAPOLÉON IER

Nos amis sont si exigeants pour nous qu'ils ont peine à se contenter de notre bonheur.

MME DE GIRARDIN

Celui qui n'est plus ton ami ne l'a jamais été[1].

WILLIAM SHAKESPEARE

---

1. Voir également Hiéron, tyran de Syracuse : « Qui cesse d'être ami ne l'a jamais été. »

Un ami, c'est quelqu'un qui vous connaît bien et qui vous aime quand même.

HERVÉ LAUWICK

Le meilleur moyen de se défaire d'un ennemi, c'est de s'en faire un ami.

HENRI IV

Tout le monde veut avoir un ami – personne ne s'occupe d'en être un.

ALPHONSE KARR

Deux vrais amis vivaient au Monomotapa
Jusqu'au jour où l'un vint voir l'autre et le tapa.

Au premier vers de la fable de La Fontaine
Les Deux Amis, PAUL-JEAN TOULET a apporté une
conclusion très personnelle.

Mon Dieu, gardez-moi de mes amis. Quant à mes ennemis, je m'en charge !

Attribué à VOLTAIRE
Selon Stobée, aurait été prononcé par Antigonos II,
roi de Macédoine (mort en 221 av. J.-C.).

Amitié

L'amitié est un contrat par lequel nous nous engageons à rendre de petits services à quelqu'un afin qu'il nous en rende de grands.

MONTESQUIEU

Des femmes peuvent très bien lier amitié avec un homme ; mais pour la maintenir, il y faut peut-être le concours d'une petite antipathie physique.

FRIEDRICH NIETZSCHE

Amitié : Bateau suffisamment grand pour transporter deux personnes quand il fait beau et une seule en cas de mauvais temps.

AMBROSE BIERCE

Amour

L'amour, cette lampe que l'on déplace pour trouver une ombre nouvelle.

DANIEL BOULANGER

It is short, expensive and the position is ridiculous (c'est court, cher... et la position est ridicule).

LORD CHESTERFIELD

En amour, il y en a toujours un qui souffre et l'autre qui s'ennuie.

HONORÉ DE BALZAC

L'amour platonique est à l'amour charnel ce que l'armée de réserve est à l'armée active.

PIERRE DAC

L'amour est aveugle, mais le mariage lui rend la vue.

GEORG CHRISTOPH LICHTENBERG

L'amour, c'est l'égoïsme en deux personnes.

STANISLAS JEAN DE BOUFFLERS

L'amour est cette merveilleuse chance qu'un autre vous aime encore quand vous ne pouvez plus vous aimer vous-même.

JEAN GUÉHENNO

Il n'y a pas d'amour, il n'y a que des preuves d'amour.

ANDRÉ MALRAUX

L'amour ? Des grands mots avant, des petits mots pendant et des gros mots après.

ÉDOUARD PAILLERON

Amour (faire l')

Il se pratiquait à Claquebue quatorze manières de faire l'amour que le curé n'approuvait pas toutes. La description n'en importe pas ici et je craindrais d'ailleurs de m'y échauffer.

MARCEL AYMÉ

Amoureux

Les femmes s'imaginent parfois qu'elles deviennent amoureuses d'un homme, alors qu'elles ont simplement pris en grippe la femme de cet homme.

SACHA GUITRY

Peu de gens seraient amoureux s'ils n'avaient jamais entendu parler de l'amour.

FRANÇOIS DE LA ROCHEFOUCAULD

Anarchie

Ne pas être anarchiste à seize ans, c'est manquer de cœur. L'être encore à quarante ans, c'est manquer de jugement.

GEORGE BERNARD SHAW

Je suis un anarchiste qui traverse dans les clous.

GEORGES BRASSENS

Le Christ est un anarchiste qui a réussi. C'est d'ailleurs le seul.

ANDRÉ MALRAUX

Ancêtres

Se glorifier de ses ancêtres c'est chercher dans les racines des fruits que l'on devrait trouver uniquement dans les branches.

MME ROLAND

À entendre parler les snobs, on croirait que ce sont eux qui ont engendré leurs ancêtres.

HAGAR

L'homme qui n'a à tirer gloire de rien, si ce n'est de ses illustres ancêtres, est semblable à la pomme de terre : la seule qualité qu'il possède se trouve sous terre.

SIR THOMAS OVERBURY

À Daniel O'Connel qui, dans un discours, avait ironisé sur les origines juives de Disraeli, celui-ci avait répondu :
– Oui, je suis juif et, quand les ancêtres de

mon très honorable adversaire étaient encore des brutes sauvages dans une île inconnue, les miens étaient prêtres au Temple de Salomon.

Anglais

Les Anglais possèdent deux produits d'une exceptionnelle valeur : leurs tweeds et leurs silences.

PIERRE DANINOS

Les deux caractéristiques essentielles de l'Anglais sont l'humour et le gazon [...].

L'Anglais tond son gazon très court, ce qui permet à son humour de voler au ras des pâquerettes.

PIERRE DESPROGES

On a parfois l'impression que la principale occupation des Anglais soit de jouer à être anglais.

BRUNACCI

Non seulement l'Angleterre est une île, mais tout Anglais est une île.

NOVALIS

L'Anglais respecte la loi et méprise l'autorité. Le Français, au contraire, respecte l'autorité et méprise la loi.

CHAMFORT

Un Anglais, même quand il est seul, forme une queue bien alignée d'une seule personne.

GEORGE MIKES

Le seul point sur lequel les Anglais s'accordent parfaitement avec les Français, c'est de conduire sur la file de gauche.

Anonyme

Angleterre

Mon pays est si surpeuplé qu'il n'y a pas assez de beau temps pour tous les citoyens.

OSCAR WILDE

L'Angleterre est une ancienne colonie normande qui a mal tourné.

ALPHONSE ALLAIS

Entre la France et l'Angleterre, la meilleure chose est la Manche.

DOUGLAS JERROLD

Il n'est pas interdit de penser que, si l'Angleterre n'a pas été envahie depuis 1066, c'est que les étrangers redoutent d'avoir à y passer un dimanche.

PIERRE DANINOS

En Angleterre, nous n'avons pas d'autres distractions que le vice et la religion.

SYDNEY SMITH

En Angleterre, il y a huit mois d'hiver et quatre mois de mauvais temps.

Anonyme

Anonyme (lettre)

La lettre anonyme est un genre épistolaire. Je n'en ai jamais reçu qu'une et elle était signée.

JEAN COCTEAU

Je reçois quelquefois des lettres anonymes [...] j'y trouve la vérité, trésor inestimable, et souvent des avis que ne me donneraient peut-être aucun de ceux qui me veulent le plus de bien.

PAUL-LOUIS COURIER

Anthologie

La plupart des faiseurs de recueils de vers ou de bons mots ressemblent à ceux qui mangent des cerises ou des huîtres, choisissant d'abord les meilleures et finissant par tout manger.

CHAMFORT

Anti

De tout temps, chaque chose a eu son « anti » : exemple : un muet, c'est un anti-parlementaire ; un athée, c'est un anti-moine ; un croyant, c'est un anti-sceptique. Les Arabes du Caire sont anti-sémites... et les Sémites sont antiquaires.

RAYMOND DEVOS

Aphrodisiaque

Je ne suis pas très mondaine, mais je sens que je pourrais tomber amoureuse d'un duc à tout moment. C'est un titre tellement aphrodisiaque !

TINE WHITE

Apologue

Tchouang-tseu rêve qu'il est un papillon. Mais n'est-ce point le papillon qui rêve qu'il est Tchouang-tseu ?

Apologue chinois (cité par RAYMOND QUENEAU)

Bertrand Russell rêve que, sur l'un des papiers qu'il a déposés sur sa table de nuit, il lit ces mots : « CE QUI EST ÉCRIT DE L'AUTRE CÔTÉ N'EST PAS VRAI. »

Il retourne alors la feuille et lit : « CE QUI EST ÉCRIT DE L'AUTRE CÔTÉ N'EST PAS VRAI. »

JORGE LUIS BORGES

Arabes

Les Arabes viennent manger le pain de nos Portugais.

COLUCHE

Araignée

Une petite main noire et poilue crispée sur des cheveux.

Toute la nuit, au nom de la lune, elle appose ses scellés.

JULES RENARD

Arbres

Il y a deux sortes d'arbres : les hêtres et les non-hêtres.

RAYMOND QUENEAU

Un seul hêtre vous manque et tout est des peupliers.

JEAN-PAUL GROUSSET

C'est l'hiver. Les arbres sont en bois.

JULES RENARD

Architecte

On fait parfois des pendaisons de crémaillère. Il vaudrait mieux, de temps en temps, pendre un architecte.

JEAN MISTLER

Argent

Il y a des gens dont la puissance est faite de tout l'argent qu'ils ont prêté. Il y en a d'autres dont toute la force est dans l'argent qu'ils doivent.

AUGUSTE DETŒUF

Si l'argent ne fait pas le bonheur… rendez-le !

JULES RENARD

L'argent, ça va, ça vient. Mais quand ça vient… ça va !

L'argent, ça sert à savoir que tu n'en as pas besoin.

SMAÏN

L'argent est plus utile que la pauvreté, ne serait-ce que pour des raisons financières.

WOODY ALLEN

Il faut mépriser l'argent… surtout la petite monnaie.

FRANÇOIS CAVANNA

Quand j'étais jeune, je croyais que, dans la vie, l'argent était ce qu'il y a de plus important. Maintenant que je suis vieux, je le sais.

OSCAR WILDE

Nous ne pensons qu'à l'argent : celui qui en a pense au sien, celui qui n'en a pas pense à celui des autres.

SACHA GUITRY

Ce sont toujours ceux qui auraient le plus besoin d'argent qui en ont le moins.

HENRI MONNIER

L'argent mène à tout à condition d'en sortir… beaucoup.

CLAUDE AVELINE

Il faut choisir dans la vie : gagner de l'argent ou le dépenser. On n'a pas le temps de faire les deux.

ÉDOUARD BOURDET

Ma grande objection à l'argent, c'est que l'argent est bête.

ALAIN

L'argent, tout compte fait, aide à supporter la pauvreté.

ALPHONSE ALLAIS

Armée

Au rassemblement: le premier qui arrive le dernier, j'en prends un au hasard et je vous fous tous dedans. Rompez!

L'adjudant de service

Arrestation

Quand on a arrêté les communistes, je n'étais pas communiste, je n'ai rien dit;

Quand on a arrêté les socialistes, je n'étais pas socialiste, je n'ai rien dit;

Quand on a arrêté les Juifs, je n'étais pas juif, je n'ai rien dit;

Quand on est venu m'arrêter, il n'y avait plus personne pour protester.

PASTEUR NIEMÖLLER

Art

L'art commence avec la difficulté.

ANDRÉ GIDE

Le public, c'est le suffrage universel en art.

JULES RENARD

L'art est fait pour troubler. La science rassure.

GEORGES BRAQUE

L'art est un jeu. Tant pis pour celui qui s'en fait un devoir.

MAX JACOB

L'art, c'est le plus court chemin de l'Homme à l'Homme.

ANDRÉ MALRAUX

L'art vit de contraintes et meurt de liberté.

MICHEL-ANGE

Une œuvre d'art devrait toujours nous apprendre que nous n'avions pas vu ce que nous avons vu.

PAUL VALÉRY

Artichauts
Avant de demander la main d'une jeune fille, regarder-la manger des artichauts.

LOUIS TEISSIER DU CROS

Les artichauts, c'est un légume de pauvres. C'est le seul que, quand tu as terminé, tu en as plus dans ton assiette qu'avant de commencer.

COLUCHE

Assassinat
Évitez l'assassinat, il conduit au vol et ce dernier est presque toujours le chemin de la dissimulation.

HENRI SOMM

L'assassinat est la forme la plus extrême de la censure.

GEORGE BERNARD SHAW

Assis

On est mieux assis que debout, couché qu'assis, endormi qu'éveillé et mort que vivant.

Proverbe arabe

Athée

Je suis inculte parce que je n'en pratique aucun et insecte parce que je me méfie de toutes.

RAYMOND QUENEAU

Vous me demandez si je suis athée ?... Je suis plus intéressé par notre vin d'ici que par leur au-delà.

FRANCIS BLANCHE

Je suis athée... Dieu merci !

MIGUEL DE UNAMUNO

Même le jour de ma mort, je croirai pas en Dieu. J'attendrai le lendemain.

Cité par JEAN-MARIE GOURIO

Au-delà

Un au-delà ? Pourquoi pas ? Pourquoi les morts ne vivraient-ils pas ? Les vivants meurent bien.

CHAVAL

Je ne crois pas en l'au-delà, mais j'emporte toujours un caleçon de rechange.

WOODY ALLEN

Auteur

Non seulement les auteurs n'acceptent que des éloges, mais encore ils exigent qu'on ne leur dise que la vérité.

JULES RENARD

Le pouvoir de l'auteur, c'est de rendre les choses nouvelles familières et les choses familières nouvelles.

WILLIAM THACKERAY

Autobiographie

Il est bien à plaindre celui qui ne vit pas sa vie, mais son autobiographie.

ARTHUR SCHNITZLER

Automobile

Le jour où les autos penseront, les Rolls Royce seront plus angoissées que les taxis.

HENRI MICHAUX

Je viens de résoudre mon problème de stationnement : j'ai acheté une automobile bien garée.

HENRY YOUNGMAN

Autorité

Il a au plus haut degré ce qu'on appelle l'autorité. On l'écoute avant même qu'il ait parlé.

ANATOLE FRANCE

Auto-stop

Une auto-stoppeuse est une jeune femme, généralement jolie et court vêtue, qui se trouve sur votre route quand vous êtes avec votre femme.

WOODY ALLEN

Pascal aimait tellement l'Auvergne qu'il naquit à Clermont-Ferrand.

ALEXANDRE VIALATTE

L'Auvergne produit des ministres, des fromages et des volcans.

ALEXANDRE VIALATTE

[Les Auvergnats] ont des cheveux noirs, des yeux de braise, des dents luisantes et des chandails superposés, les uns marron, les autres aubergine. En laine épaisse. Pour le 15 août, ils en enlèvent un. À la Toussaint, ils en ajoutent deux. À la fin de leur vie, ils sont devenus pure laine.

ALEXANDRE VIALATTE

La France, c'est l'Auvergne avec quelque chose autour.

Proverbe... auvergnat

Avare

Les hommes ne haïssent l'avare que parce qu'il n'y a rien à gagner avec lui.

VOLTAIRE

Avenir

L'avenir est à ceux qui se lèvent tôt, surtout le matin.

Anonyme

Même l'avenir n'est plus ce qu'il était.

PAUL VALÉRY

Nous abordons le XXIe siècle avec des pouvoirs de démiurges et des instincts de primates.

THIERRY GAUDIN

Je vais où je m'ignore.

JEAN CAYROL

Aventure

Quand il n'y aurait qu'une chance sur mille de trouver l'aventure au coin de la rue, il faudrait aller au coin de la rue.

HENRY DE MONTHERLANT

Avis

Je ne suis pas toujours de mon avis.

PAUL VALÉRY

Quand les gens sont de mon avis, il me semble que je dois avoir tort.

OSCAR WILDE

Je pardonne aux gens de n'être pas de mon avis. Je ne leur pardonne pas de ne pas l'être du leur.

TALLEYRAND

Aymé (Marcel)

C'est chose rare qu'un auteur cherche à se faire plus petit que son œuvre.

ANTOINE BLONDIN

B

Bach

Cette divine machine à coudre.

COLETTE

Je ne connais rien à la musique. Pendant des années j'ai cru que les Variations *Goldberg* étaient un truc que M. et Mme Goldberg ont essayé de faire pendant leur nuit de noces.

WOODY ALLEN

Comme disait son heureuse fiancée : « J'ai eu mon Bach du premier coup ! »

PIERRE DESPROGES

S'il y a quelqu'un qui doit tout à Bach, c'est bien Dieu.

EMIL MICHEL CIORAN

Baignade

Il est dangereux de se baigner moins de trois heures après avoir mangé des champignons vénéneux.

FRANÇOIS CAVANNA

Baignoire

À la fin de sa vie, quand Orson Welles était dans une baignoire, c'était l'eau ou lui.

JOSÉ ARTUR

Ballet

C'était *La Mort du cygne*. Des bruits couraient que le ballet avait été commandité par des bookmakers du nord de l'État de New York et que l'on pariait gros sur la survie de l'oiseau.

WOODY ALLEN

Banlieue

Lorsque l'on veut faire la bombe
Il faut la faire avec raison.
Soyons sages jusqu'à Colombes,
Mais à la Garenne… Bezons.

FRANCIS BLANCHE

Banque

De cet or qu'il gagna grâce à de fortes cotes,
Tout lui fut dévoré par d'aimables cocottes
MORALITÉ
Déposons prudemment le gain de nos paris
Au Comptoir National d'Escompte de Paris.

ALPHONSE ALLAIS

Baromètre

Baromètre : instrument ingénieux qui indique la sorte de temps que nous sommes en train de subir.

AMBROSE BIERCE

Bavard

Je suis comme le tambour de Cassis à qui on devait donner deux sous pour qu'il commence à parler et cinq francs pour qu'il accepte de s'arrêter.

MARCEL PAGNOL

Les bavards sont ceux qui vous parlent des autres. Les raseurs sont ceux qui vous parlent d'eux-mêmes. Mais ceux qui vous parlent de vous sont de brillants causeurs.

MARCEL PAGNOL

Beatles

Les Beatles n'existeront plus tant que John [Lennon] sera mort.

GEORGE HARRISON

Beauté

De tout temps, la beauté a été ressentie par certains comme une secrète insulte.

CLAUDE DEBUSSY

Beau comme la rencontre fortuite sur une table de dissection d'une machine à coudre et d'un parapluie.

LAUTRÉAMONT

Bègue

Je ne connais pas de gens qui aiment plus à parler que les bègues.

DENIS DIDEROT

Belgique

La Belgique ! Rappelez-vous bien ce nom-là, messieurs, car on aura, d'ici peu, l'occasion d'en reparler.

ALPHONSE ALLAIS

Belle

Elle était belle comme la femme d'un autre.

PAUL MORAND

Berger

Il y a deux sortes de bergers parmi les pasteurs des peuples : ceux qui s'intéressent à la laine et ceux qui s'intéressent aux gigots. Aucun ne s'intéresse aux moutons.

HENRI ROCHEFORT

Bête

Tous les hommes sont des bêtes. Les princes
sont des bêtes qui ne sont pas attachées.

MONTESQUIEU

Bêtise

La bêtise ne dépasse jamais les bornes, où
qu'elle pose le pied, là est son territoire.

STANISLAW JERZY LEC

Deux choses sont infinies : l'Univers et la bêtise
humaine. Mais, en ce qui concerne l'Univers, je
n'en ai pas encore acquis la certitude absolue.

ALBERT EINSTEIN

Bible

Mon père tient de sa tante May. Elle rejetait
la Bible parce que le personnage central était
invraisemblable.

WOODY ALLEN

Il cherchait dans la Bible un bon restaurant
en Palestine.

L. LANGANESI

Bibliothèque

Bibliothèque : trop de volumes et pas assez de
livres.

ADRIEN DECOURCELLE

Bigamie

En Angleterre, un homme accusé de bigamie est sauvé par son avocat qui démontre que son client avait trois femmes.

GEORGE CHRISTOPH LICHTENBERG

Il y a de quoi hésiter avant de commettre le crime de bigamie ! Parce que, dans la bigamie, on a deux belles-mères.

HERVÉ LAUWICK

La bigamie, c'est avoir une femme de trop. La monogamie aussi.

JOHN HEYWOOD

Bigamie : faute de goût pour laquelle il sera infligé une punition future appelée trigamie.

AMBROSE BIERCE

Biographe

Les biographes ne connaissent pas la vie sexuelle de leur propre épouse, mais ils croient connaître celle de Stendhal ou de Faulkner.

MILAN KUNDERA

Il est incroyable que la perspective d'avoir un biographe n'ait fait renoncer personne à avoir une vie.

EMIL MICHEL CIORAN

De nos jours, tout grand homme a ses disciples. Malheureusement, c'est toujours Judas qui écrit la biographie.

OSCAR WILDE

Blablabla

Quelqu'un qui dit tout ce qu'il pense est à peu près comme un enfant qui pisse au lit.

HENRY DE MONTHERLANT

Boire

Buvons ! Lavons-nous le cou par le dedans.

BÉROALDE DE VERVILLE

Boiteux

D'où vient qu'un boiteux ne nous irrite pas et qu'un esprit boiteux nous irrite ? À cause qu'un boiteux reconnaît que nous allons droit et qu'un esprit boiteux dit que c'est nous qui boitons.

BLAISE PASCAL

Bonheur

Le bonheur est une petite chose qu'on grignote, assis par terre, au soleil.

JEAN GIRAUDOUX

On disait à Capus :
– Les Untel sont heureux.

– Non, rectifia-t-il, ils ne sont pas heureux, ils sont immobiles.

Le bonheur, c'est se trouver toujours en état d'être agréablement déçu.

JONATHAN SWIFT

Le bonheur, c'est une bonne santé et une mauvaise mémoire.

INGRID BERGMAN

Si l'on bâtissait la maison du bonheur, la plus grande pièce serait la salle d'attente.

JULES RENARD

Ce qu'il y a d'admirable dans le bonheur des autres, c'est qu'on y croit.

MARCEL PROUST

Il en est du bonheur comme des montres : les moins compliquées sont celles qui se dérèglent le moins.

CHAMFORT

Le bonheur est un rêve d'enfant réalisé dans l'âge adulte.

SIGMUND FREUD

Nous cherchons tous le bonheur, mais sans savoir où, comme des ivrognes qui cherchent leur maison, sachant confusément que cela existe.

VOLTAIRE

Le bonheur a les yeux fermés.

PAUL VALÉRY

Le bonheur est de connaître ses limites et de les aimer.

ROMAIN ROLLAND

J'ai connu le bonheur, mais ce n'est pas ce qui m'a rendu le plus heureux.

JULES RENARD

Ce qui m'intéresse, ce n'est pas le bonheur de tous les hommes, c'est le bonheur de chacun d'eux.

BORIS VIAN

Ne distingue pas Dieu du bonheur et place tout ton bonheur dans l'instant.

ANDRÉ GIDE

Vous me demandez quel est le suprême bonheur ici-bas ? C'est d'écouter la chanson d'une petite fille qui s'éloigne après vous avoir demandé son chemin.

LI PO

Les gens ne connaissent pas leur bonheur... mais celui des autres ne leur échappe jamais.

PIERRE DANINOS

Bordel
Fermer les maisons closes, c'est plus qu'un crime, c'est un pléonasme.

ARLETTY

Botanique

La botanique est l'art de dessécher les plantes entre des feuilles de papier buvard et de les injurier en grec et en latin.

JULES RENARD

Bouche

Une bouche si belle que, vraiment, on ne saurait dire qu'elle a une lèvre inférieure.

JULES RENARD

Bouillabaisse

La bouillabaisse, c'est du poisson avec du soleil.

ALFRED CAPUS

Bouillir

– L'eau bout à 90 degrés.

– Pardon, mon adjudant, je crois bien que c'est à 100 degrés.

– Bien sûr, où avais-je la tête ? C'est l'angle droit qui bout à 90 degrés.

Plaisanterie célèbre attribuée aux adjudants…
en général

Bouillon

Je songe souvent à la quantité de bœuf qu'il faudrait pour faire du bouillon avec le Lac de Genève.

PIERRE DAC

Boulevard

Pourquoi Malesherbes, Haussmann et Périphérique ont-ils eu droit chacun à un boulevard, alors qu'ils n'étaient pas maréchaux d'Empire ?

PIERRE DESPROGES

Brahms

Il n'y a que le cadavre qui puisse supporter avec patience le *Requiem* de Brahms.

GEORGE BERNARD SHAW

Bruit

Le bruit ne fait pas de bien, le bien ne fait pas de bruit.

GABRIEL HANOTAUX

C

Cadran solaire

Sum si sol sit.

(Je ne suis que si le soleil est là.)

Cadran solaire dans l'île d'Aix

Horas ne numero nisi serenas.

(Je ne te marquerai que l'heure des beaux jours.)

Cadran solaire à Venise

Omnes vulnerant, ultima necat.

(Toutes blessent, la dernière tue.)

Cadran solaire sur l'église d'Urrugne (64)

Au temps heureux des cadrans solaires, il n'y avait pas l'ombre d'une exactitude.

ALBERT WILLEMETZ

Dieu qui remonte nos cadrans solaires.

GEORG CHRISTOPH LICHTENBERG

Café

On change plus facilement de religion que de café. Le monde d'ailleurs se divise en deux classes : ceux qui vont au café et ceux qui n'y vont plus.

GEORGES COURTELINE

Vous savez que vous avez franchi la frontière allemande lorsque le café devient mauvais.

ÉDOUARD VII

Le café est un breuvage qui fait dormir quand on n'en prend pas.

ALPHONSE ALLAIS

Calembour

Mieux vaut avoir l'âge de ses artères que l'âge de César Franck.

ERIK SATIE

Un peu d'Eire, ça fait toujours Dublin.

JEAN-PAUL GROUSSET

Chassez le naturiste, il revient au bungalow.

JEAN-PAUL GROUSSET

Si haut qu'on monte, on finit toujours par des cendres.

HENRI ROCHEFORT

Monsieur Reynaldo Hahn avait déjà fait *Ciboulette* ; avec son *Mozart*, cela fait sept.

WILLY

Campagne

Les villes devraient être bâties à la campagne ;
l'air y est pur.

HENRI MONNIER [1]

Savez-vous pourquoi l'air est si pur à la campagne ?
– C'est parce que les paysans dorment la
fenêtre fermée.

Attribué à EUGÈNE IONESCO

Capital

Les économistes ont raison, disait un homme
de Bourse : le capital est du travail accumulé.
Seulement, comme on ne peut pas tout faire,
ce sont les uns qui travaillent et les autres qui
accumulent.

AUGUSTE DETŒUF

Caractère

Ce qui indique avec le plus de vérité le caractère d'un homme, c'est la santé de sa femme.

CYRIL CONNOLLY

---

1. N'en déplaise à tous les journalistes qui s'obstinent à
attribuer cette forte pensée à Alphonse Allais.

Carrière

Une carrière réussie est une chose merveilleuse, mais on ne peut pas se pelotonner contre elle, la nuit, quand on a froid l'hiver.

MARILYN MONROE

Quand tu montes à l'échelle, souris à tous ceux que tu dépasses, car tu croiseras les mêmes en redescendant.

Proverbe américain (cité par PIERRE BOUTEILLER)

Centenaire

Pour devenir centenaire, il faut commencer jeune.

Proverbe russe

Un sexagénaire est toujours robuste
Un septuagénaire est toujours robuste
Un octogénaire est toujours robuste
Un nonagénaire est toujours robuste
Un centenaire est toujours bulgare.

GUSTAVE FLAUBERT

Centre

Le centre n'est pas toujours au milieu ; à preuve le chauffage central qui est toujours le long des murs.

ROMÉO CARLÈS

Cercle

Prenez un cercle, caressez-le, il deviendra vicieux.

EUGÈNE IONESCO

Je suis tellement intelligent que mon cerveau est mon deuxième organe favori.

WOODY ALLEN

Si jamais j'ai besoin d'une transplantation de cerveau, je choisirai un sportif, car je veux un cerveau qui n'a jamais servi.

NORMAN VAN BROCKLIN

Chagrin

– Ton père et moi, tu nous feras mourir de chagrin…
– Tant mieux, comme ça on ne retrouvera pas l'arme du crime.

MICHEL AUDIARD

Champignon

Les champignons sortent avec leur petit parapluie, trop tard.

JULES RENARD

Les amours, c'est comme les champignons. On ne sait si elles appartiennent à la bonne ou à la mauvaise espèce que quand il est trop tard.

TRISTAN BERNARD

Charité

Le riche, quand il a été bon avec un pauvre, lui demanderait volontiers un certificat de charité.

JEAN ROSTAND

Charme

Une belle femme est celle que je remarque. Une femme charmante est celle par qui je suis remarqué.

THOMAS ERSKINE

Chasse

La chasse est, de tous les sports, le plus cynégétique. C'est même le seul qui le soit vraiment.

ALEXANDRE VIALATTE

L'existence d'une très jolie femme ressemble à celle d'un lièvre, le jour de l'ouverture.

PAUL MORAND

Quand je prends un fusil, la place la plus sûre pour un faisan est juste en face du canon.

SYDNEY SMITH

Chats

Les chats ont de la veine : l'obscurité ne les empêche pas de lire.

LOUIS SCUTENAIRE

Chaque fois qu'une maîtresse me quitte, j'adopte un chat de gouttière : une bête s'en va, une autre arrive.

PAUL LÉAUTAUD

L'idée du calme est dans un chat assis.

JULES RENARD

Chaussures

Les gens qui ont le menton en galoche et dont les dents se déchaussent y mettent vraiment de la mauvaise volonté.

PIERRE DAC

Chef

Les chefs sont des salauds puissants ; les sujets, des salauds en puissance.

LOUIS SCUTENAIRE

Cher

Ce n'est pas ce qui est beau qui est cher ; c'est ce qui est cher qui est beau.

Proverbe yiddish

Console-toi, tu ne Me chercherais pas si tu ne M'avais trouvé.

BLAISE PASCAL

Cheval

Un cheval, c'est malcommode au centre et dangereux aux deux extrémités.

WINSTON CHURCHILL

Il y a des femmes qui se jettent à votre cou comme elles se lanceraient à la tête d'un cheval, pour vous faire croire que vous êtes emballé.

SACHA GUITRY

Chien

Pendant le Siège[1], toutes les femmes ont mangé du chien. On pensait que cette nourriture leur inculquerait des principes de fidélité. Pas du tout! Le chien a produit sur elles un tout autre effet : elles ont exigé des colliers.

AURÉLIEN SCHOLL

J'ai connu un homme qui adorait son chien. Toutefois, un jour de famine, il s'est résigné à le manger. Mais, en regardant les os qu'il laissait dans le plat, il n'a pu s'empêcher de dire :
– Pauvre Médor! Comme il se serait régalé...

JULES RENARD

Ils n'ont pas pu avoir de chien, alors ils ont fait un enfant.

COLUCHE

L'os dit au chien : « Je suis dur. » Le chien répond : « J'ai le temps. »

Proverbe arabe (cité par FRÉDÉRIC FERNEY)

---

1. Le siège de Paris en 1870.

Ne laissez pas votre chien en laisse si vous voulez qu'il vous soit attaché.

ALBERT WILLEMETZ

Glouton, coureur, méchant, lâche et galeux ; en somme
Feu mon chien était presque un homme.

JULES JANIN

Mon chien est athée : il ne croit plus en moi.

FRANÇOIS CAVANNA

Chine
La Chine, c'est gai ! Plus on est de fous, moins il y a de riz.

COLUCHE

Chipie
Pourquoi être simplement assommante alors qu'avec un petit effort vous pourriez être insupportable.

OSCAR WILDE

Choix
Nos choix sont plus nous que nous.

ANDRÉ SUARÈS

Chose
Si les choses étaient vraiment ce qu'on voulait qu'elles fussent, il s'en trouverait encore

pour regretter qu'elles ne soient plus ce qu'elles
étaient.

PIERRE DAC

Chuchoter

C'est une erreur de croire qu'en parlant bas à
l'oreille de quelqu'un qui travaille on le dérange
moins.

SACHA GUITRY

Cinéma

Le cinéma, c'est comme l'amour : quand c'est
bien fait, c'est merveilleux ! mais quand c'est mal
fait, c'est un petit peu merveilleux quand même !

STANLEY DONEN

Tu sais pourquoi les producteurs ont des
Cadillac ? C'est parce que dans le métro il faut
payer comptant.

MICHEL AUDIARD

Ils auraient pu s'appeler ABAT-JOUR... ils
s'appelèrent LUMIÈRE. Ils avaient presque la
même bobine.

JEAN-LUC GODARD

Le cinéma, c'est la mort au travail.

JEAN COCTEAU

Cinquantaine

Il y a quelque temps, quarante ans faisait
fureur, mais je me suis laissé dire que les dames

voulaient lancer la cinquantaine pour l'hiver prochain.

OLIVIER GOLDSMITH

Circoncision

1er janvier. Sur le calendrier, on lit *Circonci-sion*. Ça commence bien ! Qu'est-ce qui va nous rester à la fin de l'année ?

ROBERT ROCCA

Cirque

Les gens du cirque ont une seule devise : Liberté, Égalité, Fratellini.

LAURENT RUQUIER

Cirque : endroit où les chevaux, les poneys et les éléphants sont autorisés à voir des hommes, des femmes et des enfants se conduire comme des idiots.

AMBROSE BIERCE

Citation

Je me cite souvent, cela apporte du piment à ma conversation.

GEORGE BERNARD SHAW

Ne fais donc jamais de citations classiques : tu exhumes ta grand-mère en présence de ta maîtresse.

LÉON-PAUL FARGUE

Clarté

La clarté est la politesse de l'homme de lettres.

JULES RENARD

Claudel

Si le Claudel (Paul) n'avait pas déserté nos scènes pendant l'Occupation, le Claudel (45 % de matières grasses) avait, en revanche, totalement disparu de nos tables. Des deux, le véritable résistant c'était le second. Qu'il nous soit permis de lui rendre ici un hommage désintéressé. Ce Claudel-ci coule, mais ne flotte pas.

ANTOINE BLONDIN

Clé

Il n'y a rien de plus beau qu'une clé tant qu'on ne sait pas ce qu'elle ouvre.

MAURICE MAETERLINCK

Clou

Le clou qui dépasse appelle le marteau.

Proverbe japonais

Clown

Si le clown est triste, c'est tout simplement parce qu'il est mal payé.

W. C. FIELDS

Club

Je ne ferai jamais partie d'un club qui m'accepterait pour membre.

WOODY ALLEN

Cochon

Moi et toi, cochon, nous ne serons estimés qu'après notre mort.

JULES RENARD

La mort transforme parfois l'antipathie en amour. C'est ainsi qu'on peut avoir de la répugnance pour le porc vivant et manger avec plaisir du saucisson.

PAUL MASSON

Cocu

Certains maris admirent davantage leur femme à mesure qu'ils sont plus trompés. À côté des cocus honteux, il y a les cocus émerveillés.

ÉTIENNE REY

Quand on l'ignore, ce n'est rien
Quand on le sait, c'est peu de chose.

JEAN DE LA FONTAINE

L'éditeur Charpentier, trouvant que sa femme le faisait trop cocu, s'écriait : « Est-il possible de traiter ainsi un homme qui a tant fait pour la librairie ! »

GUSTAVE FLAUBERT

J'imagine un cocu disant :

– Ce qui m'exaspère, c'est de penser que ce monsieur sait maintenant de quoi je me contentais.

SACHA GUITRY

Les chaînes du mariage sont si lourdes qu'il faut être deux pour les porter. Quelquefois trois !

ALEXANDRE DUMAS FILS

Il vaut mieux être cocu que veuf : il y a moins de formalités.

ALPHONSE ALLAIS

Il vaut mieux être cocu que ministre. Ça dure plus longtemps et l'on n'est pas obligé d'assister aux séances.

LÉO CAMPION

J'ai souvent remarqué, pour ma part, que les cocus épousaient de préférence des femmes adultères.

ALPHONSE ALLAIS

Je connaissais une jeune femme très vertueuse. Elle a eu le malheur d'épouser un cocu : depuis, elle couche avec tout le monde.

SACHA GUITRY

Comble

Le comble pour un journaliste ? Être à l'article de sa mort.

JULES RENARD

Le comble du racisme ? Pisser sur Jacob sans pisser sur Delafon.

JOSÉ ARTUR

Commander
Il y en a qui sont faits pour commander et d'autres pour obéir. Moi, je suis fait pour les deux : ce midi, j'ai obéi à mes instincts en commandant un deuxième pastis.

PIERRE DAC

Communisme
Entre le communisme et le socialisme, il y a la différence de l'assassinat à l'homicide par imprudence.

WILHELM ROEPKE

Savez-vous ce qui arriverait au Sahara si on y installait le communisme ? Pendant cinquante ans, rien. Au bout de cinquante ans, pénurie de sable.

GEORGES COURTELINE

Con
Traiter son prochain de con n'est pas un outrage, mais un diagnostic.

SAN ANTONIO

Les cons, ça ose tout. C'est même à ça qu'on les reconnaît.

MICHEL AUDIARD

Quand on mettra les cons sur orbite, t'as pas fini de tourner.

MICHEL AUDIARD

Confession
On oublie sa faute quand on l'a confessée à un autre ; mais d'ordinaire, l'autre ne l'oublie pas.

FRIEDRICH NIETZSCHE

Confiance
Depuis Adam se laissant enlever une côte, jusqu'à Napoléon attendant Grouchy, toutes les grandes affaires qui ont raté étaient basées sur la confiance... Faire confiance aux honnêtes gens est le seul vrai risque des professions aventureuses.

MICHEL AUDIARD

Le peuple donne sa faveur, jamais sa confiance.

RIVAROL

Connerie
Je suis ancien combattant, militant socialiste et bistrot. C'est dire si dans ma vie j'ai entendu des conneries.

MICHEL AUDIARD

Contemporain
Si je pouvais changer un peu de contemporains !

HENRY DE MONTHERLANT

Contestation
Tournant critique ! Les enfants contestent leurs parents, la fin du monde est proche.

Papyrus égyptien du IIIe millénaire av. J.-C.
(cité par HERVÉ BAZIN)

Contraception
Je vais vous raconter une histoire terrible sur la contraception orale. J'ai demandé à cette fille de coucher avec moi et elle m'a répondu non.

WOODY ALLEN

Contradiction
Si l'on m'élève, je m'abaisse ; si l'on m'abaisse je m'élève. Tout ce qu'on me refuse, j'y prétends ; de tout ce qu'on m'accorde, je me sens indigne.

JEAN ROSTAND

Contre
De quoi qu'il s'agisse, je suis contre.

GROUCHO MARX

Contredire (se)

Celui qui se contredit a plus de chances qu'un autre d'exprimer quelquefois du vrai.

ANATOLE FRANCE

Contrepet

Ne pouvant fortifier la justice, on a justifié la force.

BLAISE PASCAL

La paume de sa main colle un pain à sa môme.

ROBERT DESNOS

Poignez vilain il vous oindra. Oignez vilain il vous poindra.

Vieux proverbe françois

Ces fils d'Hippocrate sont des faces d'hypo-crites.

Un avocat de la partie civile
dans l'affaire du sang contaminé

Si les fils d'Hippocrate sont des hypocrites, faut-il en déduire que les fils de Démocrite sont des démocrates ?

JEAN SAUTERON

Sèvres-Lecourbe : lèvres se courbent.

LÉON-PAUL FARGUE

Pierre Loti écrit à Victorien Sardou à Marly :
« Monsieur Victorien Sardy à Marlou. »
Réponse de Sardou à Loti :

« Monsieur Pierre Loto
Lieutenant de vessie. »

Conversation

La conversation est un jeu de sécateur où chacun taille la voix du voisin aussitôt qu'elle pousse. Je ne ris pas de la plaisanterie que vous faites, mais de celle que je vais faire.

JULES RENARD

Conviction

N'a de conviction que celui qui n'a rien approfondi.

EMIL MICHEL CIORAN

Coquille

C'est elle ! Dieu que je suis aise !
Oui, c'est la bonne édition ;
Voilà bien, pages douze et seize,
Les deux fautes d'impression
Qui ne sont pas dans la mauvaise.

PONS DE VERDUN

Coucou

En Italie, en trente ans sous les Borgia, ils ont eu la guerre, la terreur, les meurtres, mais ils ont produit Michel-Ange, Léonard de Vinci et la Renaissance.

En Suisse, ils ont eu l'amour fraternel, cinq cents ans de démocratie et de paix.

Et qu'ont-ils produit ? L'horloge qui fait coucou !

GRAHAM GREENE

Couper

Coupez, jeune homme ! Coupez ! N'hésitez pas ! Ce qui a été coupé ne sera pas sifflé.

EUGÈNE SCRIBE
conseillant un jeune auteur

Courage

Courage : l'art d'avoir peur sans que cela paraisse.

PIERRE VÉRON

Le courage n'est pas une vertu, mais une qualité commune aux scélérats et aux grands hommes.

VOLTAIRE

Courtois

L'homme courtois évite de poser le pied sur l'ombre de son voisin.

Proverbe chinois
(dont HERGÉ avait fait la maxime de sa vie)

Créature

Que l'homme soit la plus noble créature du monde, on peut le déduire de ce qu'aucune créature ne l'a jamais contredit sur ce point.

GEORG CHRISTOPH LICHTENBERG

Crier

Si tu veux qu'on t'entende, crie. Si tu veux qu'on t'écoute, chuchote.

Anonyme

Critique

Les critiques littéraires sont de petites vieilles dames des deux sexes.

JOHN O'HARA

Les critiques jugent les œuvres et ne savent pas qu'ils sont jugés par elles.

JEAN COCTEAU

Critiques : Le plus sale roquet peut faire une blessure mortelle. Il suffit qu'il ait la rage.

PAUL VALÉRY

Dans les critiques que nous faisons, nous jugeons encore moins les autres que nous ne nous jugeons nous-mêmes.

CHARLES AUGUSTIN SAINTE-BEUVE

Croire

Ce qui a été cru par tous, et toujours, et partout, a toutes les chances d'être faux.

PAUL VALÉRY

« Je ne crois pas en Dieu », confia un jour Baudelaire à Mgr Veuillot.
– Oh ! qu'il sera contrarié !

Croisement

Le fermier qui aura réussi à croiser une dinde avec un kangourou aura créé la première volaille que l'on puisse farcir de l'extérieur.

FRANÇOIS CAVANNA

Des scientifiques ont réussi à croiser un ver de terre et un hérisson : ils ont obtenu vingt centimètres de fil de fer barbelé.

Anonyme

Croque-mort

Le métier de croque-mort n'a aucun avenir. Les clients ne sont pas fidèles.

LÉON-PAUL FARGUE

Cuba

Cuba est le plus grand pays du monde : sa capitale est à La Havane, son gouvernement est à Moscou, son armée est en Afrique… et sa population en Floride.

Attribué à RONALD REAGAN !

Culture

Je suis un non-violent : quand j'entends parler de revolver, je sors ma culture.

FRANCIS BLANCHE

La culture, c'est ce qui demeure dans l'homme lorsqu'il a tout oublié.

Un pédagogue japonais,
cité par ÉDOUARD HERRIOT

La culture, c'est comme le parachute : quand tu n'en as pas, tu t'écrases.

Anonyme

La culture, ce n'est pas ce qui reste quand on a tout oublié, mais au contraire, ce qui reste à connaître quand on ne vous a rien enseigné.

JEAN VILAR

Culture (ministère de la)

Emmanuel Berl disait drôlement de son ami Malraux : « Il a mis la pagaille dans un ministère qui n'existait pas. »

D

Dalí (Salvador)
Les deux plus grandes chances que peut avoir un peintre, c'est premièrement d'être espagnol, et deuxièmement de s'appeler Dalí.

Moi, j'ai ces deux chances !

SALVADOR DALÍ

Décadence
La décadence est la grande minute où une civilisation devient exquise.

JEAN COCTEAU

Décision
Une fois que ma décision est prise, j'hésite longuement.

JULES RENARD

Découragement

Ce matin, après avoir entendu un astronome parler de milliards de soleils, j'ai renoncé à faire ma toilette : à quoi bon se laver encore ?

EMIL MICHEL CIORAN

Déluge

Il ne faut pas oublier que, le jour du Déluge, ceux qui savaient nager se noyèrent aussi.

RAMÓN GÓMEZ DE LA SERNA

Le Déluge n'a pas réussi : il est resté un homme.

HENRY BECQUE

D., misanthrope plaisant, me disait à propos de la méchanceté des hommes : « Il n'y a que l'inutilité du premier Déluge qui empêche Dieu d'en envoyer un second. »

CHAMFORT

Demi-monde

Le monde est à ceux qui se lèvent tôt. Le demi-monde à ceux qui se couchent tard.

WILLY

Démocratie

Tout le rêve de la démocratie est d'élever le prolétaire au niveau de bêtise du bourgeois.

GUSTAVE FLAUBERT

Je respecte trop la démocratie pour risquer de la dérégler en votant.

ROLAND TOPOR

Démocratie est le nom que nous donnons au peuple chaque fois que nous avons besoin de lui.

ROBERT DE FLERS et GASTON ARMAN DE CAILLAVET

La démocratie, savez-vous ce que c'est ? Le pouvoir pour les poux de manger les lions.

PHILIPPE BERTHELOT
(rapporté par PAUL MORAND)

Dénatalité

Moins cruels qu'Ugolin qui dévorait ses enfants pour leur conserver un père, les hommes d'aujourd'hui se contentent de ne pas avoir d'enfants pour leur conserver des parents.

ALFRED SAUVY

Dent

À quelqu'un qui lui disait : « Il ne faut pas se laver les dents, ça les déchausse ! » Tristan Bernard répondit : « À ce compte-là, il ne faut pas se laver les pieds non plus. Ça les déchausse bien davantage ! »

Déprime

La déprime, c'est quand, pour la première fois, tu n'arrives pas à la deuxième.

La grosse déprime, c'est quand, pour la deuxième fois, tu n'arrives pas à la première.

Cité par YVAN AUDOUARD

Désespoir

Ne désespérez jamais. Faites infuser davantage.

HENRI MICHAUX

Devinette

– Quelle différence y a-t-il entre une paire de seins et un train électrique ?

– Aucune, les deux sont faits pour les enfants et ce sont les papas qui s'en servent.

Devise

Fuge – tasce – quiesce. (Fuis – tais-toi – sois en repos.)

Devise écrite sur les murs
de la Grande-Chartreuse

Aimez-moi les uns les autres.

BERTHE CERNY
(comédienne qui fut la maîtresse – entre autres –
d'Aristide Briand)

La devise des Kennedy : « Ne pas se laisser abattre. »

SAN ANTONIO

Devoir

Si tu veux être sûr de faire toujours ton devoir, fais ce qui t'est désagréable.

JULES RENARD

Dévot

Un dévot est celui qui, sous un roi athée, serait athée.

JEAN DE LA BRUYÈRE

Diable

Le diable représente en quelque sorte les défauts de Dieu. Sans le diable, Dieu serait inhumain.

JEAN COCTEAU

Diagnostic

Ou cet homme est mort, ou ma montre est arrêtée.

GROUCHO MARX

Dictature

Les dictatures sont comme le supplice du pal : elles commencent bien et elles finissent fort mal.

GEORGES CLEMENCEAU

Dictionnaire

Un chef-d'œuvre de la littérature n'est jamais qu'un dictionnaire en désordre.

JEAN COCTEAU

Dictionnaire : douteux dispositif académique destiné à entraver l'évolution d'un langage et à en scléroser le fonctionnement.

AMBROSE BIERCE

Elle m'avait dit un jour : « Chéri, est-ce que tu savais qu'*oroscope*, *idrogène*, *ipocrite* et *arpie* ne sont pas dans le dictionnaire ? »

SACHA GUITRY

Dieu

Dieu est vivant et en bonne santé. Il est actuellement au travail sur un projet moins ambitieux.

ROGER MINNE

Si Dieu existait, j'en serais la première avertie.

ANNA DE NOAILLES

Si Dieu apparaît le plus souvent aux femmes, c'est qu'Il tient à leur faire part d'un mystère qu'il veut rendre public.

NINON DE LENCLOS

Je ne vois pas assez Dieu pour l'aimer au-dessus de toutes choses et vois beaucoup trop mon prochain pour l'aimer comme moi-même.

MARQUISE DE CRÉQUI

À la façon dont Il nous a traitées, on voit bien que Dieu est un homme.

MME DE TENCIN

Dieu se dissimule comme le loup de la devinette qui se cache dans sa propre image au milieu des branches du pommier. On ne voit plus que Lui quand on L'a découvert. D'autres ne voient jamais que le pommier.

ALEXANDRE VIALATTE

On ne peut rien dire de Dieu, même qu'il n'existe pas.

RAYMOND QUENEAU

Dieu est le plus court chemin du zéro à l'infini, dans un sens ou dans l'autre.

ALFRED JARRY

Le Dieu des chrétiens est un père qui fait grand cas de ses pommes et fort peu de ses enfants.

DENIS DIDEROT

Je crois au Dieu qui a fait lesa hommes, et non au Dieu que les hommes ont fait.

ALPHONSE KARR

Un capucin disait : Dieu a mis sagement la mort après la vie ; car s'Il avait mis la mort devant, on n'aurait pas le temps de faire pénitence.

VOLTAIRE

L'homme a créé des dieux ; l'inverse reste à prouver.

SERGE GAINSBOURG

Dieu n'a pas mal réussi la nature, mais Il a raté l'Homme.

JULES RENARD

Dieu est-Il le rêve de l'Humanité ? Ce serait trop beau. L'Humanité est-elle le rêve de Dieu ? Ce serait abominable.

ARTHUR SCHNITZLER

On a beaucoup parlé de la face de Dieu. Jamais de Son profil.

JEAN-CLAUDE BRISVILLE

Quand Il a pétri la Terre, Dieu a fait une grosse boulette.

ALEXANDRE BREFFORT

Dieu est un vieux monsieur qui adore se faire prier.

ALEXANDRE BREFFORT

J'ai vu Dieu : Elle est noire, communiste et lesbienne.

ANNE-MARIE FAURET

Non seulement Dieu n'existe pas, mais essayez donc de trouver un plombier pendant le week-end.

WOODY ALLEN

Difficulté

Ce n'est pas parce que les choses sont difficiles que nous n'osons pas, c'est parce que nous n'osons pas qu'elles sont difficiles.

SÉNÈQUE

Dimanche

Ce qu'il y a de meilleur dans le dimanche, c'est encore le samedi soir.

GILBERT CESBRON

J'ai passé un an dans cette ville – un dimanche.

WARWICK DEEPING

Diplomate

Un diplomate qui s'amuse est moins dangereux qu'un diplomate qui travaille.

GEORGES DE PORTO-RICHE

Donner

Donner avec ostentation, ce n'est pas très joli, mais ne rien donner avec discrétion, ça ne vaut guère mieux.

PIERRE DAC

Dormir

Il ne faut jamais regarder quelqu'un qui dort. C'est comme si on ouvrait une lettre qui ne vous est pas adressée.

SACHA GUITRY

Dot

La dot est un présent fait au futur pour dissimuler l'imparfait.

WILLY

Douleur

Que nos douleurs seraient supportables, s'il n'y avait pas les joies des voisins !

PIERRE DOMINIQUE

Doute

On connaît maints exemples de croyants fervents qui se sont mis à douter de Dieu, parce qu'un grand malheur les a frappés – même si c'était de leur faute ; mais on n'a encore vu personne perdre la foi, pour un bonheur qu'ils ne méritaient pas.

ARTHUR SCHNITZLER

Droite-gauche

La nature est de droite
L'homme est de gauche.

CHARLES FERDINAND RAMUZ

À droite, on dort
À gauche, on rêve.

GUSTAVE THIBON

Avant, à Marseille, il y avait la gauche, la droite et le centre. Maintenant, il y a la gauche, la droite et le milieu.

Anonyme

Duras (Marguerite)

Elle a écrit *Hiroshima mon amour* ; pourquoi pas, tant qu'on y est, « Auschwitz mon chou » ?

MARGUERITE YOURCENAR

E

Eau

Les antialcooliques sont des malades en proie à ce poison, l'eau, si dissolvant et corrosif qu'on l'a choisi entre autres substances pour les ablutions et lessives et qu'une goutte versée dans un liquide pur, l'absinthe, par exemple, le trouble.

ALFRED JARRY

L'eau conduit l'électricité, mais si tu mets du vin dedans, elle a plus le droit de conduire.

Cité par JEAN-MARIE GOURIO

Échange

Auteur dramatique échangerait pièce en quatre actes contre trois pièces et une cuisine.

PIERRE DAC

Écureuil édenté échangerait panache contre casse-noisettes.

PIERRE DAC

Échecs

Le joueur d'échecs, comme le peintre ou le photographe, est brillant… ou mat.

VLADIMIR NABOKOV

École

Écoles : établissements où l'on apprend à des enfants ce qu'il leur est indispensable de savoir pour devenir professeurs.

SACHA GUITRY

Écrire

Écrire, c'est une façon de parler sans être interrompu.

JULES RENARD

La gloire ou le mérite de certains hommes est de bien écrire ; et de quelques autres, c'est de n'écrire point.

JEAN DE LA BRUYÈRE

Le petit frisson avant-coureur d'une belle phrase qui vient.

JULES RENARD

Écrire est un acte d'amour. S'il ne l'est pas, il n'est qu'écriture.

JEAN COCTEAU

Mes livres sont écrits par quelqu'un d'autre que je ne connais pas et que je voudrais bien connaître.

JULIEN GREEN
à Klaus Mann

Vous voulez dire « il pleut », dites « il pleut »,
même si c'est pour une seconde averse.

JULIEN GRACQ

Pour savoir écrire, il faut avoir lu, et pour
savoir lire, il faut savoir vivre.

GUY DEBORD

L'écriture ressemble à la prostitution. D'abord
on écrit pour l'amour de la chose, puis pour
quelques amis et, à la fin, pour de l'argent.

Attribué à MOLIÈRE

Écrivain

Un grand écrivain se remarque au nombre de
pages qu'il ne publie pas.

STÉPHANE MALLARMÉ

L'écrivain original n'est pas celui qui n'imite
personne, mais celui que personne ne peut imiter.

FRANÇOIS RENÉ DE CHATEAUBRIAND

Il m'a fallu quinze ans pour découvrir que je
n'avais pas de talent pour écrire.
Hélas ! je n'ai pas pu m'arrêter, j'étais devenu
trop célèbre !

ROBERT BENCHLEY

La pensée vole et les mots vont à pied. Voilà
tout le drame de l'écrivain.

JULIEN GREEN

Le bon écrivain est celui qui enterre un mot
chaque jour.

LÉON-PAUL FARGUE

Écureuil

L'écureuil. Du panache ! Du panache ! Oui, sans doute : mais, mon petit ami, ce n'est pas là que ça se met !

JULES RENARD

Effort

Il n'y a pas d'effort inutile : Sisyphe se faisait les muscles.

ROGER CAILLOIS

Égalité

Je conviendrais volontiers qu'elles [les femmes] nous sont supérieures – rien que pour les dissuader de se croire nos égales.

SACHA GUITRY

La soif d'égalité n'est souvent qu'une forme avouable du désir d'avoir des inférieurs et pas de supérieurs.

GUSTAVE LEBON

Les hommes naissent égaux. Dès le lendemain ils ne le sont plus.

JULES RENARD

La France a toujours cru que l'égalité consistait à trancher ce qui dépasse.

JEAN COCTEAU

Église
La France est la fille aînée de l'Église et Jésus-Christ est le cadet de mes soucis.

JACQUES PRÉVERT

Égocentrisme
Chaque fois que le mot « Jules » n'est pas suivi du mot « Renard », j'ai du chagrin.

JULES RENARD

Einstein
La femme d'Einstein n'était pas la moitié d'un imbécile.

YVAN AUDOUARD

Enfance
On est de son enfance comme on est d'un pays.

ANTOINE DE SAINT-EXUPÉRY

Enfant
Un des plus clairs effets de la présence d'un enfant dans le ménage est de rendre complètement idiots de braves parents qui, sans lui, n'eussent peut-être été que de simples imbéciles.

GEORGES COURTELINE

« Lorsque l'enfant paraît… », je prends mon chapeau et je m'en vais.

PAUL LÉAUTAUD

Il y a des moments où l'absence d'ogres se fait cruellement sentir.

ALPHONSE ALLAIS

Des enfants ? Je préfère en commencer cent que d'en terminer un seul.

PAULINE BONAPARTE

Les enfants, ça console de tout… excepté d'en avoir.

HIPPOLYTE TAINE

Enfer

Comment savez-vous que la Terre n'est pas l'enfer d'une autre planète ?

ALDOUS HUXLEY

Ennemis

Avoir des ennemis n'est pas un luxe, c'est une nécessité.

PAUL MORAND

J'ai des ennemis et je m'en vante : je crois les avoir mérités.

ANATOLE FRANCE

Ayez des ennemis ! Vos amis se lasseront de parler de vous ; vos ennemis, jamais !

PIERRE VEBER

Ennui

Les vieux se répètent et les jeunes n'ont rien à dire. L'ennui est réciproque.

JACQUES BAINVILLE

Ma foi, si je n'avais pas été là, je me serais bien ennuyé.

ALEXANDRE DUMAS

Enseignant

– Alors ? pourquoi tu veux l'être, institutrice ?
– Pour faire chier les mômes, répondit Zazie.

RAYMOND QUENEAU

Enseignement

Celui qui peut, agit, celui qui ne peut pas, enseigne.

GEORGE BERNARD SHAW

Enterrement

C'est commode, un enterrement. On peut avoir l'air maussade avec les gens : ils prennent cela pour de la tristesse.

JULES RENARD

Épargne

L'épargne est une magnifique réalité, spécialement quand nos parents l'ont pratiquée.

MARK TWAIN

Épinards

Je n'aime pas les épinards et j'en suis fort aise ; si je les aimais, j'en mangerais et je ne peux pas les sentir.

HENRI MONNIER

Épitaphe

Ci-gît ma femme. Ah ! qu'elle est bien
Pour son repos et pour le mien.

Attribué à JEAN MAROT, père de Clément

Au tombeau, Bourbon va descendre
La mort ne doit point l'alarmer :
Il n'aura qu'un œil à fermer
Et n'aura point d'esprit à rendre.

Épitaphe du duc de Bourbon
qui était borgne et borné

Épreuve

Pénélope était la dernière épreuve qu'Ulysse eut à subir à la fin de son voyage.

JEAN COCTEAU

Érection

Ne se dit qu'en parlant des monuments.

GUSTAVE FLAUBERT

Il n'existe pratiquement aucune différence entre un Anglais en état d'érection et un Italien impuissant.

SAN ANTONIO

Ermite

L'ermite croit qu'il a trouvé Dieu parce qu'il a trouvé la solitude.

HENRY DE MONTHERLANT

Érudit(ion)

Entre un penseur et un érudit, il y a la même différence qu'entre un livre et une table des matières.

JEAN-BAPTISTE SAY

Le meilleur moment de l'amour, c'est quand on monte l'escalier.

GEORGES CLEMENCEAU

Espagnol

Les Espagnols sont un peuple fier et ombrageux avec un tout petit cul pour éviter les coups de corne.

PIERRE DESPROGES

Été

Voici l'été, épousez une femme ombrageuse.

JULES JOUY

Ce n'est pas pour me vanter, mais il fait joliment chaud aujourd'hui !

EUGÈNE LABICHE

Éternité

L'éternité, c'est long… surtout vers la fin.

FRANZ KAFKA

Étranger

Qu'est-ce qu'un étranger ?
– C'est quelqu'un qui est très content de sa Peugeot.

LAURENT RUQUIER

Européen(ne)

Qui est lent comme le Suisse, borné comme le Belge, sournois comme le Hollandais, lourd comme l'Allemand, insignifiant comme le Luxembourgeois, dédaigneux comme l'Anglais, bidon comme l'Italien et exaspérant comme le Français ? L'Européen, l'homme de demain.

GEORGES WOLINSKI

Événement

Auparavant, lorsque se produisait un événement, les gens sortaient dans la rue pour acheter le journal, aujourd'hui, ils rentrent pour regarder la télévision.

PIERRE LAZAREFF

Excuse

Désolé de vous faire faux bond ce soir, mais c'est la nuit de sortie des gosses et je dois m'occuper de la femme de chambre.

RING LARDNER

Il est habile de présenter ses excuses à un homme quand on a tort et à une femme quand on a raison.

JACQUES LAURENT

Existence

Selon Nietzsche, l'existence est un éternel retour. Ce qui veut dire que je serai forcé de revoir *Holiday on ice* ?

WOODY ALLEN

Expérience

L'expérience est le nom que l'on donne à ses erreurs.

OSCAR WILDE

L'expérience est une lanterne que l'on porte sur le dos et qui n'éclaire jamais que le chemin parcouru.

OSCAR WILDE

L'expérience est un peigne pour les chauves.

Anonyme

F

Faim

Quand on meurt de faim, il se trouve toujours un ami pour vous offrir à boire.

ANTOINE BLONDIN

Fascisme

Le fascisme, ce n'est pas d'empêcher de dire, c'est d'obliger à dire.

ROLAND BARTHES

Fausse monnaie

Un homme avait tant de dettes, tant de dettes que, pour essayer de s'en acquitter, il se mit à fabriquer de la fausse monnaie. La police le surprit.

– Que faites-vous là, malheureux ?
– Je fais ce que je dois !

ALPHONSE KARR

Fausse noblesse

L'almanach nobiliaire est le seul livre qu'un jeune Londonien devrait connaître d'un bout à l'autre, car c'est la meilleure œuvre de fiction que les Anglais aient jamais écrite.

OSCAR WILDE

Fauve

Je n'ai jamais admiré le courage des dompteurs. Dans une cage, ils sont à l'abri des hommes.

GEORGE BERNARD SHAW

Féminisme

Tout ce qu'elles ont gagné avec leur campagne du MLF, c'est qu'on ne nous tient plus la porte.

CLAIRE BRETÉCHER

Le féminisme ne peut être une question de sexe puisque le Français est plus femme que l'Anglaise.

NATALIE CLIFFORD-BARNEY

Femme

Les femmes n'ont rien à dire, mais elles ont tout à raconter.

ANDRÉ GIDE

Ne riez pas de la femme d'un autre car qui sait si demain elle ne sera pas la vôtre.

SACHA GUITRY

Elles croient que tous les hommes sont pareils, parce qu'elles se conduisent de la même manière avec tous les hommes.

SACHA GUITRY

La femme est ce que l'on a trouvé de mieux pour remplacer l'homme quand on a la déveine de ne pas être pédéraste.

BORIS VIAN

Une femme sans homme, c'est comme un poisson sans bicyclette.

Les féministes

Les femmes se défient trop des hommes en général et pas assez en particulier.

GUSTAVE FLAUBERT

Comme les vêtements sont posés sur des cintres dans les armoires, certaines femmes sont accrochées à des cintres invisibles chez leurs maris qui les utilisent en cas de besoin.

TASLIMA NASREEN
(pour parler de la femme
dans les pays musulmans)

La femme est souvent le point faible du mari.

JAMES JOYCE

On s'attache souvent moins à la femme qui touche le plus qu'à celle qu'on croit le plus facilement toucher.

CRÉBILLON FILS

Si la femme était bonne, Dieu en aurait une.

SACHA GUITRY

Fidélité
En amour, les jeunes veulent être fidèles et ne le peuvent pas. Les vieillards veulent être infidèles et ne le peuvent pas davantage.

OSCAR WILDE

Fils
Rappelle-toi que ton fils n'est pas ton fils, mais le fils de son temps.

CONFUCIUS

Les fils croient à la vertu de leur mère – les filles aussi, mais moins.

ANATOLE FRANCE

Fin
La fin justifie les moyens. Mais qu'est-ce qui justifiera la fin ?

ALBERT CAMUS

Fiscalité
Il faut demander plus à l'impôt et moins au contribuable.

ALPHONSE ALLAIS

Fleuve
La source désapprouve presque toujours l'itinéraire du fleuve.

JEAN COCTEAU

C'est en allant vers la mer que le fleuve reste fidèle à sa source.

JEAN JAURÈS

Foi

Quand on a la foi, on peut se passer de la vérité.

FRIEDRICH NIETZSCHE

Foi : vingt-quatre heures de doute… mais une minute d'espérance.

GEORGES BERNANOS

Fonctionnaire

Les fonctionnaires sont comme les livres d'une bibliothèque : les moins utiles sont les plus haut placés.

PAUL MASSON

Fortune

La fortune ne vient pas en dormant… seule.

LA BELLE OTERO

Les Français croient qu'ils parlent le français parce qu'ils ne parlent aucune langue étrangère.

TRISTAN BERNARD

France

La France est un pays qui adore changer de gouvernement à condition que ce soit toujours le même.

HONORÉ DE BALZAC

La France est un pays où il est plus important d'avoir une opinion sur Homère que d'avoir lu Homère.

STENDHAL

Franchise

La franchise est le moyen le plus déguisé d'être malveillant à coup sûr.

HENRY BATAILLE

Fréquentation

Il ne faut jamais juger les gens sur leurs fréquentations. Tenez, Judas, par exemple, il avait des amis irréprochables.

PAUL VERLAINE

Frère

– Comment ça va avec votre frère ?
– Caïn-caha !

HERVÉ BAZIN

Je veux bien être le frère de l'homme blanc, pas son beau-frère.

MARTIN LUTHER KING

Frivole

La frivolité est la plus jolie réponse à l'angoisse.

JEAN COCTEAU

L'homme doit s'applaudir d'être frivole : s'il ne l'était pas, il sécherait de douleur en pensant qu'il est né pour un jour, entre deux éternités, et pour souffrir onze heures au moins sur douze.

VOLTAIRE

Futur

Le futur appartient à celui qui a la plus longue mémoire.

FRIEDRICH NIETZSCHE

G

Gastronomie

À table, il existe un plat que je déteste : ne me servez surtout jamais du ragoût de la méduse !

FRANCIS BLANCHE

Gauche

À gauche toute… mais pas plus loin.

ROGER STÉPHANE

La gauche était une vocation : c'est devenu un métier.

RÉGIS DEBRAY

Généalogie

Les grandes familles d'Angleterre remontent à Guillaume le Conquérant… et les autres à Adam et Ève.

Anonyme

Génération

La nouvelle génération est épouvantable. J'aimerais tellement en faire partie !

OSCAR WILDE

Général

Un brave général ne se rend jamais, même à l'évidence.

JEAN COCTEAU

Braves devant l'ennemi, lâches devant la guerre, c'est la devise des vrais généraux.

JEAN GIRAUDOUX

Les généraux qui meurent à la guerre commettent une faute professionnelle.

HENRI JEANSON

Génie

Le génie est une question de muqueuses. L'art est une question de virgules.

LÉON-PAUL FARGUE

Le génie envoie sa flèche vers une cible invisible et ne la rate pas.

Dicton cité par ANTHONY QUINN

Le génie, c'est l'enfance retrouvée à volonté.

CHARLES BAUDELAIRE

Gentleman

Un gentleman est un monsieur qui se sert d'une pince à sucre, même quand il est seul.

ALPHONSE ALLAIS

Un gentleman est quelqu'un qui est capable de décrire Sophia Loren sans faire de gestes.

MICHEL AUDIARD

Un gentleman est un monsieur qui fait des choses qu'aucun gentleman ne devrait faire, mais qui les fait de la manière dont seul un gentleman pourrait les faire.

Adage anglais

Un gentleman est quelqu'un qui ne blesse jamais les sentiments d'autrui sans le faire exprès.

OSCAR WILDE

Un gentleman est quelqu'un qui écoute l'histoire que vous racontez comme s'il l'entendait pour la première fois.

AUSTIN O'MALLEY

Un gentleman est quelqu'un qui sait jouer de la cornemuse mais qui s'abstient de le faire.

Anonyme

Girouette

Les femmes ressemblent aux girouettes : elles se fixent quand elles se rouillent.

VOLTAIRE

Gitan

Ce peuple mystérieux qui semble cracher des fleurs de feu et trépigner pour les éteindre.

JEAN COCTEAU

L'avantage de la gloire : avoir un nom trimbalé par la bouche des sots.

JULES BARBEY D'AUREVILLY

Golf

Ce jeu consiste à mettre une balle de quatre centimètres de diamètre sur une boule de quarante mille kilomètres de tour. Il s'agit de frapper la petite balle sans toucher la grande.

WINSTON CHURCHILL

Goût (mauvais)

Qu'est-ce donc que le mauvais goût ? C'est invariablement le goût de l'époque qui nous a précédés. Tous les enfants ne trouvent-ils pas leur père ridicule ?

GUSTAVE FLAUBERT

Ce qu'il y a d'enivrant dans le mauvais goût, c'est le plaisir aristocratique de déplaire.

CHARLES BAUDELAIRE

Grèce

En Grèce, on a envie de se baigner dans le ciel.

HENRY MILLER

C'est beaucoup de rois et de chèvres éparpillés sur du marbre.

JEAN GIRAUDOUX

Guépard

Quadrupède connu principalement pour son chant.

ALPHONSE ALLAIS

[La] course [du guépard] est superbe ; c'est un spectacle inoubliable mais fort rare car généralement on court devant.

JEAN L'ANSELME

Guerre

La guerre de 14-18 avait fait un civil tué pour dix militaires. La guerre de 39-40, un civil pour un militaire. Le Vietnam, cent civils pour un militaire. Pour la prochaine, seuls les militaires survivront. Engagez-vous !

COLUCHE

La guerre est l'art de tuer en grand et de faire avec gloire ce qui, fait en petit, conduit à la potence.

JEAN HENRI FABRE

La guerre ! C'est une chose trop grave pour la confier à des militaires.

GEORGES CLEMENCEAU

J'en ai assez de la guerre et ce pour trois raisons :
    Nous sommes en 1815,
    Je suis français,
    Et ce coin s'appelle Waterloo.

MEL BROOKS

Guerre (civile)
Ce qui est bien avec les guerres civiles, c'est
qu'on peut rentrer manger à la maison.

Anonyme

H

Haine
La haine, c'est la colère des faibles.
ALPHONSE DAUDET

Hasard
Le hasard, c'est peut-être le pseudonyme de Dieu quand il ne veut pas signer.
THÉOPHILE GAUTIER

Hérétique
L'hérétique n'est pas celui que le bûcher brûle, mais celui qui l'allume.
FRANCIS BACON

Hérisson
« Tout le monde peut se tromper », disait le hérisson en descendant d'une brosse à habits.
Anonyme

Héritage

Nous n'héritons pas de la terre de nos parents, nous l'empruntons à nos enfants.

LÉOPOLD SÉDAR SENGHOR

Héros

Un héros est celui qui fait ce qu'il peut.

ROMAIN ROLLAND

Heure

L'horloge parlante, c'est vachement pratique pour les aveugles. Mais ça l'est beaucoup moins pour les sourds. Mais eux, ils peuvent avoir une montre-bracelet. Dans ce cas, que font les manchots ?... Ils en sont réduits à demander l'heure aux culs-de-jatte.

GELÜCK

Heureux

J'ai décidé d'être heureux parce que c'est bon pour la santé.

VOLTAIRE

Ça n'est pas tout d'être heureux... encore faut-il que les autres soient malheureux.

JULES RENARD

On n'est jamais plus heureux que quand on croit l'être.

PIERRE LEGRAND

Si on ne voulait être qu'heureux, cela serait bientôt fait. Mais on veut être plus heureux que les autres, et cela est presque toujours difficile, parce que nous croyons les autres plus heureux qu'ils ne sont.

MONTESQUIEU

Hiérarchie

On a souvent plus de peine à persuader ses inférieurs qu'à convaincre ses supérieurs. Il est vrai qu'on s'y donne moins de mal.

AUGUSTE DETŒUF

Moins le poste que vous occupez sera élevé, plus votre absence sera remarquée.

GEORGES COURTELINE

Histoire

L'Histoire me sera indulgente car j'ai l'intention de l'écrire.

WINSTON CHURCHILL

Historien

Très peu de choses se produisent au moment opportun et le reste ne se produit pas du tout. L'historien consciencieux corrigera ces défauts.

HÉRODOTE

Hollandais

En Hollande, les gens sont tellement propres que, lorsqu'ils ont envie de cracher, ils prennent le train pour la campagne.

GEORGES COURTELINE

Homard

Celui qui ne voit rien d'étrange n'a jamais regardé un homard en face.

VILLIERS DE L'ISLE-ADAM

Homme

Les hommes se distinguent par ce qu'ils montrent et se ressemblent par ce qu'ils cachent.

PAUL VALÉRY

Qu'est-ce que l'homme dans la nature ? Un néant à l'égard de l'infini, un tout à l'égard du néant, un milieu entre rien et tout.

BLAISE PASCAL

L'homme est un mammifère chevaleresque et hippophage.

JACQUES PRÉVERT

Tout homme est mon frère tant qu'il n'a pas parlé.

JEAN ROSTAND

L'homme se vante d'être sobre quand il ne digère plus ; d'être chaste quand son sang est stagnant et son cœur mort ; de savoir se taire quand il n'a plus rien à dire, et appelle vices les plaisirs qui lui échappent et vertus les infirmités qui lui arrivent.

ALPHONSE KARR

L'homme est plein d'imperfections. Ce n'est pas étonnant si l'on pense à l'époque où il a été fait.

ALPHONSE ALLAIS

Dites-vous bien que si un homme sur mille est un meneur d'hommes les neuf cent quatre-vingt-dix-neuf autres sont des suiveurs de femmes.

SACHA GUITRY

L'homme est un animal enfermé – à l'extérieur de sa cage.

PAUL VALÉRY

Je me déguise en homme pour n'être rien.

FRANCIS PICABIA

On peut plus largement se passer des hommes [que des femmes]. C'est pourquoi c'est eux que l'on sacrifie dans les guerres.

GEORGE BERNARD SHAW

L'homme naît bon. Ça commence à se dégrader entre six et sept mois.

GEORGES PERROS

Il n'y a pour l'homme que trois événements : naître, vivre et mourir. Il ne se sent pas naître, il souffre à mourir et il oublie de vivre.

JEAN DE LA BRUYÈRE

Le médecin voit l'homme dans toute sa faiblesse ; le juriste le voit dans toute sa méchanceté ; le théologien dans toute sa bêtise.

ARTHUR SCHOPENHAUER

L'homme est un animal à chapeau mou qui attend l'autobus 27, rue de la Glacière.

ALEXANDRE VIALATTE

Hommes (grands)

Les grands hommes meurent deux fois : une fois comme « homme » et une fois comme « grand ».

PAUL VALÉRY

Hommes politiques

Les deux choses que je reproche à Édouard Balladur, c'est son menton.

PLANTU

Honnête

L'honnêteté, c'est la meilleure politique : j'ai essayé les deux !

Devise des marchands de Hambourg

Honneurs

Les honneurs, je les méprise, mais – c'est mon drame – je ne déteste pas forcément ce que je méprise.

JEAN D'ORMESSON

Il n'avait reçu aucune distinction honorifique. Il est vrai qu'il méprisait les honneurs. Mais il sentait qu'il eût été plus beau de les mépriser en les recevant.

ANATOLE FRANCE

Humanité

Il n'y a que deux grands courants dans l'histoire de l'humanité : la bassesse qui fait les conservateurs et l'envie qui failles révolutionnaires.

EDMOND et JULES DE GONCOURT

Humble

Dieu n'ayant pu faire de nous des humbles fait de nous des humiliés.

JULIEN GREEN

Humoriste

L'humoriste, c'est un homme de bonne mauvaise humeur.

JULES RENARD

Humour

L'humour est une façon de se tirer d'embarras sans se tirer d'affaire.

LOUIS SCUTENAIRE

L'humour.

Pour qu'une plaisanterie humoriste ait, si j'ose dire, son plein rendement, il convient que trois

personnes soient en présence : celle qui la pro-
fère, celle qui la comprend et celle à qui elle
échappe. Le plaisir de celle qui la goûte étant
décuplé par l'incompréhension de la tierce personne.

SACHA GUITRY

I

Idée
Rien n'est plus dangereux qu'une idée quand on n'en a qu'une.

PAUL CLAUDEL

Illusion
Lorsqu'on a perdu toutes ses illusions, il reste encore à perdre l'illusion suprême qui est de se croire sans illusions.

CLAUDE ROY

Immobile
Même une pendule arrêtée a raison deux fois par jour.

Anonyme

Immortalité

Dans les dîners d'hommes, il y a une tendance à parler de l'immortalité de l'âme au dessert.

EDMOND et JULES DE GONCOURT

Immortel

Si j'étais immortel, j'inventerais la mort pour avoir du plaisir à vivre.

LOUIS AUGUSTE COMMERSON

Si je suis élu[1], je deviendrai « immortel ». Si je ne suis pas élu... je n'en mourrai pas.

ANDRÉ ROUSSIN

Chaque homme est immortel : il peut savoir qu'il va mourir, mais il ne saura jamais qu'il est mort.

SAMUEL BUTLER

Si un homme était immortel, réalisez-vous ce que serait sa note de boucher ?

WOODY ALLEN

Impôts

Le ministre des Finances : le bourreau de mes thunes.

JEAN RIGAUX

---

1. À l'Académie française.

C'est au moment : de payer ses impôts qu'on s'aperçoit qu'on n'a pas les moyens de s'offrir l'argent que l'on gagne.

SAN ANTONIO

Indulgence

Je n'ai d'indulgence pour aucune faute ; j'en ai pour tous les coupables.

JEAN PAULHAN

Infirmité

J'entends bien que je pourrais devenir sourd, je sens que je pourrais perdre l'odorat, mais je ne me vois pas aveugle.

GABRIEL DE LAUTREC

Ingrat

Quand je donne une place, je fais un ingrat et cent mécontents.

LOUIS XIV

Innocent

Rien ne ressemble plus à un innocent qu'un coupable qui ne risque rien.

TRISTAN BERNARD

Insomnie

Pour lutter contre l'insomnie, faites un quart d'heure de yoga, mangez une pomme crue, avalez une infusion de passiflore (*Passiflora incarnata*), prenez un bain chaud à l'essence de serpolet (*Thymus serpyllum*), frictionnez-vous à l'huile essentielle de jasmin (*Jasminys officinale*) et orientez votre lit au nord. Quand vous aurez fini tout ça, il ne sera pas loin de huit heures du matin.

PIERRE DESPROGES

Tout le monde sait qu'en cas d'insomnie il suffit d'additionner mouton après mouton pour s'endormir. Mais combien de personnes savent que, pour rester éveillé, il suffit de soustraire les moutons ?

LES MARX BROTHERS

Invention

Ma femme ? Je ne saurais mieux la comparer qu'à une invention française. C'est moi qui l'ai trouvée et ce sont les autres qui en profitent.

HENRI DUVERNOIS

Les Italiens sont des Français de bonne humeur.

JEAN COCTEAU

Itinéraire

C'est précisément parce qu'il partait vers un pays inconnu qu'Abraham savait qu'il était sur la bonne route.

GRÉGOIRE DE NYSSE

J

Jeune
Je ne suis pas assez jeune pour tout savoir.

JAMES MATTHEW BARRIE

Jeune fille
Autrefois, quand elle était gênée, une jeune fille rougissait. Aujourd'hui quand une jeune fille rougit, elle est gênée.

MME SIMONE

Jeunesse
La jeunesse est le temps que l'on a devant soi.

JULES ROMAINS

Vitupérer la jeunesse est chez les adultes une nécessité hygiénique et favorise la circulation du sang.

LOGAN P. SMITH

On revient de sa jeunesse comme d'un pays étranger. Le poème, le livre est la relation du voyage.

FÉDÉRICO GARCÍA LORCA

La jeunesse est la seule chose qui vaille d'être possédée. Je ferais tout au monde pour la retrouver, sauf être respectable, me lever tôt et prendre de l'exercice.

OSCAR WILDE

Si l'on veut retrouver sa jeunesse, il suffit d'en répéter les erreurs.

OSCAR WILDE

C'est la fièvre de la jeunesse qui maintient le reste du monde à la température normale. Quand la jeunesse se refroidit, le reste du monde claque des dents.

GEORGES BERNANOS

Joli
Victor Hugo disait à Marie Dorval (1798-1849) qui fut la maîtresse adorée de Vigny : « Vous n'êtes pas jolie, vous êtes pire. »

Journal
Homère est nouveau ce matin et rien n'est peut-être aussi vieux que le journal d'aujourd'hui.

CHARLES PÉGUY

Journalisme

Le journalisme consiste à annoncer que M. Watson est mort à des millions de gens qui ne savaient pas qu'il vivait.

MARK TWAIN

En cette fin de siècle, le journalisme est illisible et la littérature n'est pas lue.

OSCAR WILDE

Journaliste

D'abord, il lèche, puis il lâche et il lynche.

Cité par JEAN-FRANÇOIS KAHN

Juif

Si t'as pas de grand-père banquier, veux-tu me dire à quoi ça sert d'être juif.

MICHEL AUDIARD

Histoire juive :
— Pourquoi Dieu a-t-il créé les catholiques ?
— C'est pour qu'il y en ait quand même qui achètent au détail.

Anonyme

J'appartiens à ce peuple qu'on a souvent appelé élu. Élu ? enfin, disons en ballottage.

TRISTAN BERNARD

Justice

La Justice, cette forme endimanchée de la vengeance.

Me STEPHEN HECQUET

La justice est gratuite. Heureusement, elle n'est pas obligatoire.

JULES RENARD

La justice, c'est comme la Sainte Vierge, si on la voit pas de temps en temps, le doute s'installe.

MICHEL AUDIARD

K

Kangourou
Sans le kangourou, l'homme n'aurait jamais su qu'il ne possède pas de poche marsupiale.
ALEXANDRE VIALATTE

Kinésithérapeute
Guérisseur non médecin qui soigne les malades des médecins non guérisseurs.
GEORGES ELGOZY

L

Laid(e)

Mère Ubu, tu es bien laide aujourd'hui. Est-ce parce que nous avons du monde ?

ALFRED JARRY

Lait

Je boirai du lait quand les vaches brouteront du raisin.

HENRI DE TOULOUSE-LAUTREC

Langage

Il y a trois sortes d'êtres au langage mystérieux :
Les plus aisés à comprendre sont les Fous
Puis viennent les Polytechniciens
Et enfin les Comptables.

AUGUSTE DETŒUF

Le langage fabrique les gens bien plus que les gens ne fabriquent le langage.

WOLFGANG VON GOETHE

Langue

C'est une langue bien difficile que le français. À peine écrit-on depuis quarante-cinq ans qu'on commence à s'en apercevoir.

COLETTE

La langue sert aux femmes à déguiser leur pensée et aux hommes leur impuissance.

Anonyme

Le privilège de l'Anglais est de ne comprendre aucune autre langue que la sienne. Et même s'il comprend, il ne doit en aucun cas s'abaisser à le laisser croire.

PIERRE DANINOS

Larmes

Ne me secouez pas. Je suis plein de larmes.

HENRI CALET

Légende

Les pays qui n'ont plus de légendes sont condamnés à mourir de froid.

PATRICE DE LA TOUR DU PIN

Légion d'honneur

On rencontre quelquefois dans les affaires des gens qui ne sont pas officiers de la Légion d'honneur. Il ne faut pas les mépriser, ils le deviendront.

AUGUSTE DETŒUF

La Légion d'honneur ? À partir d'un certain âge, il faut disposer d'un sacré piston pour ne pas l'avoir.

SAN ANTONIO

En France, le deuil des convictions se porte en rouge et à la boutonnière.

JULES RENARD

Ravel refuse la Légion d'honneur, mais toute sa musique l'accepte. Ça n'est pas tout de refuser la Légion d'honneur, encore faut-il ne pas l'avoir méritée.

ERIK SATIE

Lettres

Le métier des lettres est tout de même le seul où l'on puisse sans ridicule ne pas gagner d'argent.

JULES RENARD

Lézard

Le mur : – Je ne sais quel frisson me passe sur le dos.

Le lézard : – C'est moi !

JULES RENARD

Lièvre

Pour bien déguster un lièvre, il faut être trois : le lièvre, le chasseur… et un bon verrou à la porte.

Dicton d'Armagnac selon JEAN-MARIE RIVIÈRE

Lion

Pour la chasse aux lions : vous achetez un tamis et vous allez dans le désert. Là, vous passez tout le désert au tamis. Quand le sable est passé, il reste les lions.

ALPHONSE ALLAIS

Lire

J'aime à lire comme une poule boit, en relevant fréquemment la tête, pour faire couler.

JULES RENARD

Personne ne lit plus aujourd'hui, sauf ceux qui écrivent.

HENRI BORDEAUX

Quoiqu'il y ait beaucoup de livres, croyez-moi, peu de gens lisent ; et parmi ceux qui lisent, il y en a beaucoup qui ne se servent que de leurs yeux.

VOLTAIRE

Certains lisent parce qu'ils sont trop paresseux pour réfléchir. Le chemin de l'ignorance est pavé de bonnes éditions.

GEORGE BERNARD SHAW

Littérature

Beauté de la littérature. Je perds une vache. J'écris sa mort et ça me rapporte de quoi acheter une autre vache.

JULES RENARD

Livre

En parcourant un livre de médecine, on s'imagine avoir toutes les maladies qu'il décrit, de même, en lisant l'ouvrage d'un moraliste, on découvre tous les travers qu'il signale... mais chez les autres !

OTTO VON BISMARCK

Les livres gagnent toujours à ne pas être lus : regardez nos classiques.

GEORGE BERNARD SHAW

Un beau livre, c'est celui qui sème à foison des points d'interrogation.

JEAN COCTEAU

Un livre n'est jamais un chef-d'œuvre : il le devient.

EDMOND et JULES DE GONCOURT

À force d'aimer un livre on finit par se dire qu'il vous aime.

NICOLE VÉDRÈS

Il va falloir qu'un jour enfin je me décide à lire les livres que, depuis trente ans, je conseille à mes amis de lire.

SACHA GUITRY

Loi

S'il fallait étudier toutes les lois, on n'aurait pas le temps de les transgresser.

WOLFGANG VON GOETHE

Les lois sont comme les toiles d'araignée, qui prennent les moucherons mais laissent passer les guêpes et les frelons.

JONATHAN SWIFT

Loire

La Loire, un grand fleuve de sable quelquefois mouillé.

JULES RENARD

Londres

Il y a, entre Londres et Paris, cette différence que Paris est fait pour l'étranger et Londres pour l'Anglais. L'Angleterre a bâti Londres pour son propre usage, la France a bâti Paris pour le monde entier.

RALPH WALDO EMERSON

À Londres, il n'y a pas de différence entre la vitrine d'un marchand d'abat-jour et celle d'une modiste.

SAN ANTONIO

Loterie

Pour le gros lot de 500 000 F, il était absolument inutile de vendre tant de billets puisqu'il n'y en a qu'un qui gagne.

JULES JOUY

Lourdes

Mon père est allé à Lourdes. Il ne lui reste plus que Lisieux pour pleurer.

COLUCHE

Je suis allé à Lourdes avec ma femme. Il n'y a pas eu de miracle. Je suis revenu avec.

SEYMOUR BRUSSELS

– Vous vous faites analyser ?
– Oh ! depuis quinze ans seulement. Encore un an et je vais à Lourdes.

WOODY ALLEN

Donnez-moi un aller simple pour Lourdes, dit le cul-de-jatte, je reviendrai à pied.

FRANÇOIS CAVANNA

Lucidité

La lucidité est la blessure la plus rapprochée du soleil.

RENÉ CHAR

Lune

La preuve que la lune est habitée, c'est qu'il y a de la lumière.

FRANCIS BLANCHE

Le 21 juillet 1969, Neil Armstrong fut le premier homme à poser le pied sur la Lune, ce jour-là, la Lune mourut aux yeux de tous.

JEAN HAMBURGER

Lyon

Si Paris est la capitale de la France, Lyon est la capitale de la province.

ALBERT THIBAUDET

M

Main

Je ne me suis pas lavé les mains depuis Ponce Pilate.

JULES RENARD

Joindre les mains, c'est bien, mais les ouvrir, c'est mieux.

LOUIS RATISBONNE

Maître

On n'a pas d'autre maître que soi-même; il faut que ce maître soit dur.

JEAN GUÉHENNO

Majorité

L'avis de la majorité ne peut être que l'expression de l'incompétence.

RENÉ GUÉNON

Manteau

Saint Martin a donné la moitié de son manteau à un pauvre : comme ça, ils ont eu froid tous les deux.

JACQUES PRÉVERT

Manuscrit

Votre manuscrit est à la fois bon et original. Malheureusement la partie qui est bonne n'est pas originale et celle qui est originale n'est pas bonne.

SAMUEL JOHNSON

Mari

Un bon mari ne se souvient jamais de l'âge de sa femme, mais de son anniversaire, toujours.

JACQUES AUDIBERTI

Mariage

Je me suis marié deux fois, deux catastrophes : ma première femme est partie, ma deuxième est restée.

FRANCIS BLANCHE

Se marier à l'église et à la mairie, c'est ficeler un paquet avec un double nœud. On a tellement peur que ça ne tienne pas !

ANDRÉ BIRABEAU

Que d'époux ne sont séparés que par le mariage !

ALFRED CAPUS

Les femmes ne me pardonnent pas de m'être marié quatre fois[1]. Les hommes ne me pardonnent pas d'avoir quatre fois divorcé.

SACHA GUITRY

De toute façon, mariez-vous : si vous avez une bonne épouse, vous serez heureux. Si vous en avez une mauvaise, vous deviendrez philosophe.

SOCRATE

Le mariage n'est pas une loterie, à la loterie on gagne parfois.

GEORGE BERNARD SHAW

Ne vous mariez jamais : l'homme le fait par lassitude, la femme par curiosité et chacun est déçu.

OSCAR WILDE

Ne pouvant pas supprimer l'amour, l'Église a voulu au moins le désinfecter... et elle a fait le mariage.

CHARLES BAUDELAIRE

Le mariage est un état qui n'intéresse plus personne si ce n'est quelques prêtres.

LOUISE DE VILMORIN

---

1. Écrit en 1947, avant son mariage avec Lana Marconi.

Quand un homme et une femme sont mariés, ils ne font plus qu'un. La première difficulté est de décider lequel.

GEORGE BERNARD SHAW

Le mariage est une communauté composée d'un maître, d'une maîtresse et de deux esclaves, ce qui fait en tout deux personnes.

AMBROSE BIERCE

Le mariage est une expérience chimique dans laquelle deux corps inoffensifs peuvent, en se combinant, produire un poison.

ÉDOUARD PAILLERON

Il vaut mieux encore être marié qu'être mort.

MOLIÈRE

Le mariage est l'art pour deux personnes de vivre ensemble aussi heureuses qu'elles auraient vécu chacune de son côté.

GEORGES FEYDEAU

Le mariage simplifie la vie et complique la journée.

JEAN ROSTAND

Maroc
Alaouite, je te plumerai !

GEORGES ANDREU

Marseillaise
Musique : fait penser à un tas de choses. Adoucit les mœurs. Ex. : *La Marseillaise.*

GUSTAVE FLAUBERT

Marseille
On dit qu'à Marseille on fait voter les morts. Eh bien, je peux vous dire que c'est faux : ils votent comme ils veulent.

Attribué à tous les maires de Marseille

Masturbation
Ne dites pas de mal de la masturbation. Après tout, c'est une façon de faire l'amour avec quelqu'un qu'on aime bien.

WOODY ALLEN

Méchant
D'être méchant, c'est se venger d'avance.

PAUL-JEAN TOULET

Médaille
L'homme se tient debout sur ses pattes de derrière pour recevoir moins de pluie et pouvoir accrocher des médailles sur sa poitrine.

JEAN GIRAUDOUX

Médecin

Un bon médecin est celui qui guérit au moins huit malades sur dix, car sept malades sur dix guérissent spontanément.

Axiome chinois

Médecin : homme vêtu de noir, mettant des drogues qu'il ne connaît guère dans un corps qu'il ne connaît pas.

Anonyme

Tant que les hommes pourront mourir et qu'ils aimeront à vivre, le médecin sera raillé et bien payé.

JEAN DE LA BRUYÈRE

Le psychiatre sait tout et ne fait rien. Le chirurgien ne sait rien et fait tout. Le dermatologue ne sait rien et ne fait rien. Le médecin légiste sait tout, mais un jour trop tard.

Adage populaire

Médecine

C'est un art qu'on exerce en attendant qu'on le découvre.

ÉMILE DESCHAMPS

La médecine a fait depuis un siècle des progrès sans répit, inventant par milliers des maladies nouvelles.

LOUIS SCUTENAIRE

La médecine, c'est ingrat. Quand on veut se faire honorer par les riches, on a l'air d'un larbin ; par les pauvres, on a tout du voleur.

LOUIS-FERDINAND CÉLINE

Mélancolie

On ne peut empêcher les oiseaux noirs de voler au-dessus de nos têtes, mais on peut les empêcher d'y faire leur nid.

Proverbe chinois

La mélancolie n'est que de la ferveur retombée.

ANDRÉ GIDE

Mélomane

Un vrai mélomane, c'est quelqu'un qui, entendant une très jolie femme chantant dans la salle de bains, se penche vers le trou de la serrure pour y coller l'oreille.

YVAN AUDOUARD

Mémoire

Il est tellement facile d'écrire ses souvenirs quand on a une mauvaise mémoire.

ARTHUR SCHNITZLER

Mensonge

Il y a deux sujets sur lesquels les Français mentent : le nombre de livres qu'ils lisent et le nombre de coups qu'ils tirent. Les enquêtes sur la lecture et celles sur la sexualité sont les moins fiables de toutes.

JEAN-CLAUDE FASQUELLE

Les femmes sont tellement menteuses qu'on ne peut même pas croire le contraire de ce qu'elles disent.

GEORGES COURTELINE

Au-dessous de la Loire, le mensonge est une forme de la sociabilité, et comme une politesse de la race.

ABEL HERMANT

Le mensonge tue l'amour, a-t-on dit. Eh bien, et la franchise, donc !

ABEL HERMANT

Que ferais-je à Rome ? Je ne sais pas mentir.

JUVÉNAL

Mer

À Deauville, la présence de la mer est tellement incongrue qu'on se demande ce qu'elle fait là... c'est bien pour ça qu'on a construit une piscine.

MICHEL AUDIARD

La mer est salée parce qu'il y a des morues dedans. Et, si elle ne déborde pas, c'est parce que la Providence, dans sa sagesse, y a placé aussi des éponges.

ALPHONSE ALLAIS

Une telle quantité d'eau frise le ridicule.

HENRI MONNIER

Merci

Celui qui, dans la vie, est parti de zéro pour n'arriver à rien dans l'existence n'a de merci à dire à personne.

PIERRE DAC

Messe

La sonnette frénétique au moment de l'élévation : Dieu entre en gare.

CARLO RIM

Je ne vais pas à la messe car elle est à l'heure de l'apéritif.

GEORGES COURTELINE

Métaphore

— Attention ! j'ai le glaive vengeur et le bras séculier. L'aigle va fondre sur la vieille buse !... Un peu chouette comme métaphore, non ?

— C'est pas une métaphore, c'est une périphrase.

— Fais pas chier !...

— Ça, c'est une métaphore !

MICHEL AUDIARD

Météorologie

Quand de Deauville on voit Le Havre, c'est qu'il va pleuvoir. Quand on ne le voit pas, c'est qu'il pleut déjà.

TRISTAN BERNARD

Quand la tour de Pise penche sur la droite, c'est qu'il va pleuvoir. Quand elle penche vers la gauche, c'est que vous arrivez par l'autre bout de la rue.

FRANÇOIS CAVANNA

Quand le baromètre se passe la patte derrière l'oreille, c'est que le chat est à la pluie.

LÉO CAMPION

Millionnaire

Comment devient-on millionnaire dans le business ? C'est simple, il suffit de commencer milliardaire.

RICHARD BRONSON[1]

Minijupe

J'aime bien la minijupe : je n'y vois que des avantages.

FRANCIS BLANCHE

Montrer les cuisses, oui... mais les genoux, jamais !

COCO CHANEL

---

1. PDG de Virgin.

Ministère

Un ministère est un lieu où ceux qui partent en avance croisent dans les escaliers ceux qui arrivent en retard.

GEORGES COURTELINE

Misogynie

La femme idéale, c'est la femme corrézienne, celle de l'ancien temps, dure à la peine, qui sert les hommes à table, ne s'assied jamais avec eux, ne parle pas.

JACQUES CHIRAC

Mode

La mode meurt jeune, c'est ce qui fait sa légèreté si grave.

JEAN COCTEAU

La mode est une forme de laideur si intolérable qu'il faut en changer tous les six mois.

OSCAR WILDE

Modèles

Laissons les jolies femmes aux hommes sans imagination.

MARCEL PROUST

Les femmes extrêmement belles étonnent moins le second jour.

STENDHAL

Moi

Je me suis rarement perdu de vue ; je me suis beaucoup aimé ; je me suis beaucoup détesté. Enfin, nous avons vieilli ensemble.

PAUL VALÉRY

Mois

Un couple se rhabille

– Elle : Comme j'aimerais avoir 12 000 F de rente !

– Lui : Par mois ?

– Elle : Par toi ou par un autre !

Dessin d'ALBERT GUILLAUME

Monde

Avant notre venue, rien ne manquait au monde ;

Après notre départ, rien ne lui manquera.

OMAR KHAYYAM

Le monde n'est, je vous l'assure, qu'une immense entreprise à se foutre du monde.

LOUIS-FERDINAND CÉLINE

Monde (gens du)

Les gens du monde ont tellement l'habitude qu'on les recherche que, qui les fuit, leur semble un phénix et accapare leur attention.

MARCEL PROUST

Quand on veut plaire dans le monde, il faut se résoudre à apprendre beaucoup de choses qu'on sait par des gens qui les ignorent.

CHAMFORT

Monde (tour du)
Bientôt, le tour du monde, le tour de la cage sera vite fait. De nos jours, Hugo écrirait :
« L'enfant demandera : – Puis-je courir aux Indes ? Et la mère répondra : Emporte ton goûter. »

PAUL MORAND

Morale
La morale est une attitude que nous adoptons vis-à-vis des gens que nous n'aimons pas.

OSCAR WILDE

Mort
La mort n'est pas la dernière fin, il nous reste encore à mourir chez les autres.

ALBERTO GUILLÉN

L'être que je serai après la mort n'a pas plus de raisons de se souvenir de l'homme que je suis depuis ma naissance que ce dernier ne se souvient de ce que j'ai été avant elle.

MARCEL PROUST

La mort, ce secret qui appartiendra à tout le monde.

CLAUDE AVELINE

La mort semble moins terrible quand on est fatigué.

SIMONE DE BEAUVOIR

Nous disons la mort pour simplifier, mais il y en a presque autant que de personnes.

MARCEL PROUST

Mot

On dit d'un mot qu'il est profond quand il n'est pas spirituel.

JULES RENARD

ASSEZ D'ACTES !... DES MOTS !

Slogan de mai 1968

Les mots savent de nous des choses que nous ignorons d'eux.

RENÉ CHAR

Un mot n'est pas le même dans un écrivain et dans un autre. L'un se l'arrache du ventre. L'autre le tire de la poche de son pardessus.

CHARLES PÉGUY

Vivre les mots au-delà de leur sens. Vivre les sens au-delà de leurs maux.

DOMINIQUE MEUNIER

Les mots qui font fortune appauvrissent la langue.

SACHA GUITRY

Mots croisés

Quelques définitions :

Illustre l'académie (8 lettres) : *Tatoueur*

MAX FAVALELLI

Opéra… ou coopéra (4 lettres) : *Aïda-Aida*

MICHEL LACLOS

Pourri quand il est frais (3 lettres) : *Été*

ROGER LA FERTÉ

Vide les baignoires et remplit les lavabos (8 lettres) : *Entracte*

RENÉE DAVID[1]

Mourir

Tu ne meurs pas de ce que tu es malade, tu meurs de ce que tu es vivant.

MICHEL DE MONTAIGNE

Ce n'est pas que j'aie peur de mourir, mais j'aimerais autant ne pas être là quand ça arrivera.

WOODY ALLEN

Je suis né plusieurs et je meurs un seul.

PAUL VALÉRY

Quiconque ne meurt pas jeune s'en repentira tôt ou tard.

EMIL MICHEL CIORAN

… Ma conviction est que, dès qu'on meurt, il se passe quelque chose de très curieux, d'exces-

---

1. Et non pas Tristan Bernard à qui tout le monde l'attribue.

sivement curieux, qui vaut peut-être la peine de mourir.

ALFRED CAPUS

Mon rêve : mourir jeune à un âge très avancé.

HENRI JEANSON

Moyens

Je vis tellement au-dessus de mes moyens que, pour ainsi dire, nous vivons à part.

SAKI

Muet

Que de gens resteraient muets, s'il leur était défendu de dire du bien d'eux-mêmes et du mal d'autrui.

MME DE FONTAINES

Munich

Nous avions à choisir entre le déshonneur et la guerre. Nous avons choisi le déshonneur et nous avons eu la guerre.

WINSTON CHURCHILL

Musique

En France, tout le monde adore la musique, mais personne ne l'aime.

HECTOR BERLIOZ

Musique (militaire)

Je méprise profondément celui qui aime marcher en rang derrière une musique ; ce ne peut être que par erreur qu'il a reçu un cerveau ; une moelle épinière lui suffirait amplement.

ALBERT EINSTEIN

Mystère

Puisque ces mystères me dépassent, feignons d'en être l'organisateur.

JEAN COCTEAU

N

Natation

Je sais nager juste assez pour me retenir de sauver les autres.

JULES RENARD

Neuf

Il n'est d'éternellement neuf que l'éternellement vieux.

CHARLES FERDINAND RAMUZ

Nez

Elle avait un nez si grand que lorsqu'on l'embrassait sur les deux joues, on avait plus vite fait de passer par-derrière.

TRISTAN BERNARD

Noblesse

La noblesse, disent les nobles, est un intermédiaire entre le roi et le peuple. Oui, comme le chien de chasse est un intermédiaire entre le chasseur et les lièvres.

CHAMFORT

Non

La vente commence quand le client dit non.

Titre du livre d'ELMER LETERMAN

Penser, c'est dire « non ».

ALAIN

Non-voyant

On offre à Stevie Wonder une râpe à fromage pour son anniversaire. Trois jours plus tard, il remercie ses amis :

– Je suis ravi, c'est le meilleur livre que j'aie lu de ma vie.

Notoriété

La notoriété, c'est lorsqu'on remarque votre présence. La célébrité, c'est lorsqu'on note votre absence.

GEORGES WOLINSKI

Nouveauté

La nouveauté, selon le mot de Stravinski, ne saurait être que *la recherche d'une place fraîche sur l'oreiller*. La place fraîche se réchauffe vite et la place chaude retrouve sa fraîcheur.

JEAN COCTEAU

Nouvelles

En annonçant de bonnes nouvelles, on se rend aimable. En en annonçant de mauvaises, on se rend important : choisissez.

HENRY DE MONTHERLANT

Nu(e)

La première fois que j'ai vu une femme nue, j'ai cru qu'il s'agissait d'une erreur.

WOODY ALLEN

Nudiste

Jamais un homme décoré ne sera un nudiste sincère.

LÉONCE BOURLIAGUET

O

Objectivité

L'objectivité, c'est cinq minutes pour Hitler, cinq minutes pour les Juifs.

JEAN-LUC GODARD

Octogénaire

Ce vieillard octogénaire qui a déjà un pied dans la tombe et qui, de l'autre, a toujours marché dans le sentier de la vertu.

CHRISTOPHE

Quatre-vingts ans ! C'est l'âge de la puberté académique.

PAUL CLAUDEL

Œil

Les gens qui sont myopes d'un œil, presbytes de l'autre et qui louchent par surcroît, sont impardonnables de ne pas voir ce qui se passe autour d'eux.

PIERRE DAC

Œuf

La pierre tombe sur l'œuf… tant pis pour l'œuf !

L'œuf tombe sur la pierre… tant pis pour l'œuf !

Proverbe cypriote

Oisiveté

Coincé comme on est entre deux éternités d'oisiveté, on n'a aucune excuse à rester à ne rien faire.

ANTHONY BURGESS

Opéra

J'ai trouvé la grande raison qui fait qu'on n'entend rien à l'Opéra. La dirais-je, messieurs ? *C'est qu'on n'écoute pas !*

BEAUMARCHAIS

Je ne comprends pas qu'on laisse entrer les spectateurs des six premiers rangs avec des instruments de musique. Au vestiaire les violons, clarinettes et autres bassons !

ALFRED JARRY

Opinion

C'est mon opinion et je la partage.

HENRI MONNIER

Toutes les opinions sont respectables. Bon, c'est vous qui le dites. Moi, je dis le contraire. C'est mon opinion : respectez-la donc.

JACQUES PRÉVERT

Il y a trois opinions dont je tiendrai le plus grand compte : la vôtre, la mienne... et la bonne.

FRÉDÉRIC DE VILLANI

Optimiste

L'optimiste est un homme qui s'abrite sous une fourchette le jour où il va pleuvoir des petits pois.

PIERRE CAMI

Un optimiste est quelqu'un qui pense que le futur est incertain.

Anonyme

Un optimiste est quelqu'un qui commence à faire ses mots croisés au stylo à bille.

Anonyme

L'humanité ne produit des optimistes que lorsqu'elle a cessé de produire des heureux.

GILBERT KEITH CHESTERTON

Sous leur meilleur côté tâchons de voir les choses.

Vous vous plaignez de voir les rosiers épineux

Moi je me réjouis et rends grâces aux dieux
Que les épines aient des roses.

ALPHONSE KARR

L'optimiste : elle est en retard, c'est qu'elle
viendra.

SACHA GUITRY

Les optimistes et les pessimistes ont un grand
défaut qui leur est commun : ils ont peur de la
vérité.

TRISTAN BERNARD

Un optimiste, c'est celui qui sait que le monde
est pourri. Un pessimiste, c'est celui qui le
découvre chaque matin.

PETER USTINOV

Orage

J'ai vu ceux de la femme et j'ai vu ceux des
flots
Et j'ai plaint les maris plus que les matelots.

LORD BYRON

Orateur

Un orateur : un monsieur qui dit des choses
vagues avec la dernière violence.

MAURICE DONNAY

Jamais un orateur n'a pensé en parlant, jamais
un auditeur n'a pensé en écoutant.

ALAIN

Oreille

Un secret a toujours la forme d'une oreille.

JEAN COCTEAU

La nature a doté l'homme d'une langue et de deux oreilles pour qu'il écoute deux fois plus qu'il ne parle.

ÉPICTÈTE

Orgasme

La seule fois où Rifkin et sa femme avaient connu un orgasme simultané, c'est au moment où le juge leur avait remis l'acte de divorce... Il ne faut pas trop attendre de la vie !

WOODY ALLEN

Orthographe

L'orthographe est plus qu'une mauvaise habitude, c'est une vanité.

RAYMOND QUENEAU

Pourquoi écrivez-vous : « M. Barthou perdit son sang-froid » et « Don Quichotte perdit son Sancho » ?

ALPHONSE ALLAIS

Où

Quand tu ne sais pas où tu vas, n'oublie jamais d'où tu viens.

Proverbe togolais

Oublier

La vie serait impossible si l'on se souvenait.
Le tout est de choisir ce que l'on doit oublier.

ROGER MARTIN DU GARD

Oui

La réponse est oui. Mais quelle était la question ?

WOODY ALLEN

Je me flatte d'avoir toujours le dernier mot
dans mon ménage... et ce mot est généralement oui.

JULES RENARD

Les questions auxquelles on répond par oui ou
non sont rarement intéressantes.

JULIEN GREEN

Outrages

Ne dites pas à une femme que vous allez lui
faire subir les derniers outrages. Laissez-lui
quelque espoir en l'avenir.

Anonyme

Ouvert

Il faut qu'une porte soit ouverte... ou d'une
autre couleur.

ALFRED DE MUSSET et PIERRE DAC

P

Pape
Jean-Paul II est un des rares Polonais à avoir trouvé du travail en Italie.

JOSÉ ARTUR

Papillon
Papillon, ce billet doux plié cherche une adresse de fleur.

JULES RENARD

Parallèles
Deux parallèles s'aimaient… Hélas !

ANDRÉ FRÉDÉRIQUE

Parapluie
Un parapluie ouvert est un beau ciel fermé.

XAVIER FORNERET

Les parapluies sont des veufs qui portent le deuil des ombrelles disparues.

RAMÓN GÓMEZ DE LA SERNA

Pardonner

Lorsque les femmes nous aiment, elles nous pardonnent tout, même nos crimes. Quand elles ne nous aiment pas, elles ne nous pardonnent rien. Pas même nos vertus.

HONORÉ DE BALZAC

Oui, il faut pardonner à ses ennemis... mais pas avant qu'ils soient pendus.

HENRI HEINE

Ce que les hommes vous pardonnent le moins, c'est le mal qu'ils ont dit de vous.

ANDRÉ MAUROIS

Paresse

Paresse : habitude prise de se reposer avant la fatigue.

JULES RENARD

Paris

Paris, point le plus éloigné du Paradis, n'en demeure pas moins le seul endroit où il fasse bon désespérer.

EMIL MICHEL CIORAN

Parisien

Le vrai Parisien n'aime pas Paris, mais il ne peut vivre ailleurs.

ALPHONSE KARR

Parler

Parler, c'est marcher devant soi.

RAYMOND QUENEAU

Parler est un besoin, écouter est un art.

WOLFGANG VON GOETHE

Parle afin que je te voie.

GEORG CHRISTOPH LICHTENBERG

Celui qui sait ne parle pas. Celui qui parle ne sait pas.

LAO-TSEU

Parlez, parlez, prosateurs : il en restera toujours quelque chose.
Parlez, parlez, poètes : il en restera toujours quelque chose d'autre.

ALAIN BOSQUET

Partage

Une joie partagée est une double joie. Un chagrin partagé est un demi-chagrin.

JACQUES DEVAL

Parti

Il faut souvent changer de parti si l'on veut conserver les mêmes opinions.

ANDRÉ SIEGFRIED

Pas

Le premier pas que tu fais lorsque tu pars pour le tour du monde ressemble aupas que tu fais pour aller chercher de l'eau au puits.

Proverbe chinois

Passé

On voit le passé meilleur qu'il n'a été.
On trouve le présent pire qu'il n'est.
On espère l'avenir plus heureux qu'il ne sera.

MME D'ÉPINOU

Passion

Hier soir, je dis à ma femme :
— Ruth, crois-tu que la passion et le sexe, ce soit fini entre nous ?
Elle me répond :
— On discutera de ça après la pub.

MILTON BERLE

Patrie

La patrie, c'est toutes les promenades qu'on peut faire à pied autour de son village.

JULES RENARD

Pauvre

Je demandais à un homme pauvre comment il vivait ; il me répondit : « Comme un savon, toujours en diminuant. »

JONATHAN SWIFT

N'est pas pauvre qui a peu mais qui désire beaucoup.

Proverbe

En bornant ses désirs, on borne ses besoins ;
Le plus riche est celui qui désire le moins.

J. SAINTINE

Le pauvre, un jour, sera méconnaissable. On l'appellera chômeur et il ira manger dans la main de l'État.

GEORGES BERNANOS

Un jour, Dieu a dit : « Je partage en deux : les riches auront de la nourriture, les pauvres auront de l'appétit. »

COLUCHE

Les pauvres ont la glace en hiver et les riches en été.

Tract anarchiste

Paysan

J'aime les paysans, ils ne sont pas assez instruits pour être bêtes.

MONTESQUIEU

Péché

Le christianisme a beaucoup fait pour l'amour en en faisant un péché.

ANATOLE FRANCE

C'est en Italie et au XVIIe siècle qu'une princesse disait, en prenant une glace avec délices, le soir d'une journée fort chaude : « Quel dommage que ce ne soit pas un péché ! »

STENDHAL

Peinture

La peinture n'est pas bien difficile quand on ne sait pas. Mais quand on sait, oh ! alors… c'est autre chose !

EDGAR DEGAS

Pénétration

La dernière fois que j'ai pénétré une femme, c'était en visitant la statue de la Liberté.

WOODY ALLEN

Pente

Il est bon de suivre sa pente, pourvu que ce soit en montant.

ANDRÉ GIDE

Père

Tout père sur qui son fils lève la main est coupable : d'avoir fait un fils qui levât la main sur lui.

CHARLES PÉGUY

Ne pas entendre ou ne pas voir le père est la seule base solide de la vie familiale.

OSCAR WILDE

Perle

Ce ne sont pas les perles qui font le collier. C'est le fil.

Anonyme

Personnalité

Ce que le public te reproche, cultive-le : c'est toi !

JEAN COCTEAU

Pessimisme

Le pessimisme est d'humeur, l'optimisme est de volonté.

ALAIN

Mon pessimisme va à un point tel qu'il suspecte la sincérité des autres pessimistes.

JEAN ROSTAND

Je me sens très optimiste quant à l'avenir du pessimisme.

JEAN ROSTAND

Pessimiste

Pessimiste : femme qui pense qu'elle ne pourra pas garer sa voiture entre deux autres dans un espace visiblement trop étroit.

Optimiste : homme qui pense qu'elle n'essaiera pas.

GROVER WHALEN

Les optimistes assurent que nous vivons dans le meilleur des mondes possibles. Il n'y a que les pessimistes pour craindre que cela soit vrai.

JAMES CABELL

Le sourire de complicité qu'échangent parfois deux pessimistes me paraît être une manifestation de l'optimisme le plus pur.

JACQUES A. BERTRAND

Petit

Je plains les gens petits : ils sont les derniers à savoir qu'il pleut.

PETER USTINOV

Peuple

Je veux bien mourir pour le peuple, mais je ne veux pas vivre avec.

FRANÇOIS MAURIAC

Philosophie

La philosophie a cela d'utile qu'elle sert à nous consoler de son inutilité.

LOUIS AUGUSTE COMMERSON

La philosophie est comme la Russie : pleine de marécages, et souvent envahie par les Allemands.

ROGER NIMIER

Si l'on veut bien y regarder de plus près, toute philosophie n'est que le sens commun traduit en langage amphigourique.

WOLFGANG VON GOETHE

Photographie

Sentant venir la mort, le photographe a dit entre ses dents :

– Attention... ne bougeons plus !

SACHA GUITRY

Picasso

Picasso est peintre : moi aussi
Picasso a du génie : moi aussi
Picasso est communiste : moi non plus.

SALVADOR DALÍ

J'ai mis toute ma vie à savoir dessiner comme un enfant.

PABLO PICASSO

On m'a accusé d'essayer de sortir d'Allemagne un plan de fortifications. En fait, c'était mon portrait par Picasso.

IGOR STRAVINSKI

Votre Picasso a ensorcelé l'Amérique, pays des femmes, et il peint les femmes avec une bouche à la place de l'oreille.
– Ça prouve qu'il les connaît bien !

JEAN COCTEAU

Mieux vaut subir les assauts de pique-assiettes que les assiettes de Picasso.

Anonyme

Comme ceux de la Providence, ses dessins sont impénétrables.

WILLY

Pie

Je n'aimerais pas être une pie le matin. Le smoking, comme ça, de bonne heure, ça fait mauvaise impression ; comme si on avait découché.

RAYMOND CASTANS

Pied

Les fabricants de chaussures en Angleterre ont droit à toute notre admiration quand on sait que le pied anglais fait douze pouces.

LES FRÈRES ENNEMIS

Piédestal

Il faut collectionner les pierres qu'on vous jette. C'est le début d'un piédestal.

HECTOR BERLIOZ

Pied-noir

La culture pied-noir ? Un grand vide parfumé à l'anisette.

ALBERT CAMUS

Pigeon

Deux pigeons s'aimaient d'amour tendre.
Moralité
L'un d'eux s'ennuyait au logis.

TRISTAN BERNARD
(d'après deux vers de La Fontaine)

Pilon

Le pilon dans le poulet, c'est bon ; dans l'ancien combattant, c'est émouvant ; dans l'édition, c'est déprimant.

JOSÉ ARTUR

Pipe

Fumer la pipe dispense de penser.

ARTHUR SCHOPENHAUER

Pire

C'est le commencement qui est le pire, puis le milieu, puis la fin ; à la fin, c'est la fin qui est le pire.

SAMUEL BECKETT

La preuve du pire, c'est la foule.

SÉNÈQUE

Plagiat

Copier sur un seul, c'est du plagiat. Copier sur deux, c'est de la recherche.

WILSON MIZNER

Plaire

Plus on plaît généralement, moins on plaît profondément.

STENDHAL

Si vous voulez plaire aux femmes, dites-leur ce que vous ne voudriez pas qu'on dît à la vôtre.

JULES RENARD

Poésie

Je sais que la poésie est indispensable, mais je ne sais pas à quoi.

JEAN COCTEAU

Le poème – cette hésitation prolongée entre le son et le sens.

PAUL VALÉRY

Poète

Il est aussi difficile à un poète de parler poésie qu'à une plante de parler horticulture.

JEAN COCTEAU

Les intuitions des poètes sont les aventures oubliées de Dieu.

ELIAS CANETTI

Point de vue

Notre enthousiasme, c'est le fanatisme d'en face.

ANDRÉ SIEGFRIED

Poisson

Si tu donnes un poisson à un homme, il se nourrira une fois ; si tu lui apprends à pêcher, il se nourrira toute sa vie.

Cette citation – l'une des plus célèbres au monde – est de KVAN TZU

Poitrine

– Vous voulez savoir combien pèse ma poitrine ? Je ne vous le dirai pas. Mais sachez que cela me coûterait 87 $ et 50 cents pour l'expédier au Brésil en dernière catégorie.

BETTE MIDLER

Politesse

On ne perd rien à être poli ? Si, sa place dans le métro.

TRISTAN BERNARD

La politesse, c'est l'indifférence organisée.

PAUL VALÉRY

L'égoïsme inspire une telle horreur que nous avons inventé la politesse pour le cacher.

ARTHUR SCHOPENHAUER

La politesse, ce n'est qu'une gymnastique contre les passions.

ALAIN

Politesse (formule de)

Amitiés à ta femme ; caresses distraites aux enfants.

ALPHONSE ALLAIS

Politicien

Un politicien est une personne dont la politique ne recueille pas votre suffrage. Si vous êtes d'accord avec lui, c'est un homme d'État.

DAVID LLOYD GEORGE

Politique

Le communisme est une technique, le socialisme une morale et le fascisme une esthétique.

LÉON BLUM

L'art du politique est de faire en sorte qu'il soit de l'intérêt de chacun d'être vertueux.

CLAUDE ADRIEN HELVÉTIUS

La politique est l'art d'empêcher les gens de se mêler de ce qui les regarde.

PAUL VALÉRY

À la campagne et dans les petites villes, faire de la politique, ce n'est, le plus souvent, que haïr son voisin.

COMTE DE BELVÈZE

La politique, c'est comme l'andouillette, ça doit sentir un peu la merde, mais pas trop.

ÉDOUARD HERRIOT

La politique, ce n'est pas de résoudre les problèmes, c'est de faire taire ceux qui les posent.

HENRI QUEUILLE

La majorité a toujours tort. Parce qu'elle est composée d'imbéciles. La minorité aussi est composée d'imbéciles. Mais ils sont moins nombreux.

LÉO CAMPION

Il y a trois sortes d'hommes politiques :
- ceux qui troublent l'eau ;
- ceux qui pêchent en eau trouble ;
- et ceux – plus doués – qui troublent l'eau pour pêcher en eau trouble.

ARTHUR SCHNITZLER

Polytechnique

L'École polytechnique est aux mathématiques ce qu'est un dictionnaire de rimes à la poésie baudelairienne.

GASTON BACHELARD

Le difficile n'est pas de sortir de l'X, mais de sortir de l'ordinaire.

CHARLES DE GAULLE

Pomme

Pour une année où il y a des pommes, n'y a pas de pommes ; mais pour une année où n'y a pas de pommes, y a des pommes.

AUGUSTE ANICET-BOURGEOIS et ADOLPHE D'ENNERY

An apple a day keeps the doctor away. Une pomme par jour éloigne le docteur...
Proverbe anglais que Winston Churchill complétait ainsi :
Pourvu que vous visiez juste !

Porcelaine

La porcelaine cassée dure plus longtemps que la porcelaine intacte.

JULES RENARD

Porte (mise à la)

Assurément, chez moi, je vous mettrais dehors. Chez vous, monsieur, je fais l'équivalent : je sors.

ÉMILE AUGIER

Posologie

N'oublie pas ce qu'a dit le médecin : cinq gouttes. La posologie ça s'appelle. Et de la posologie au veuvage, c'est une question de gouttes.

MICHEL AUDIARD

Postérité

La postérité ? Pourquoi les gens seraient-ils moins bêtes demain qu'aujourd'hui ?

JULES RENARD

Posthume

Il faut être un homme vivant et un artiste posthume.

JEAN COCTEAU

Poule

Une poule est l'artifice qu'utilise un œuf pour produire un autre œuf.

UMBERTO ECO
(en parlant de Borges)

Poussière

L'homme n'est que poussière. C'est dire l'importance du plumeau.

ALEXANDRE VIALATTE

Précoce

Mozart était si précoce qu'à cinq ans et demi il composait déjà le *Boléro* de Ravel.

PIERRE DESPROGES

Préface

Article 1er. L'usage constant des auteurs sera de clouer des préfaces au commencement de tous leurs livres.

Article 2e – L'usage du public sera de ne pas les lire et de les regarder comme nulles et non avenues.

HONORÉ DE BALZAC

Présent

Ce perpétuel mourir qu'on appelle, faute de mieux, le présent.

LOUIS ARAGON

Préservatif

Savez-vous pourquoi les Suisses enfilent trois préservatifs l'un sur l'autre ? C'est pour que celui du milieu soit propre.

Anonyme

Le cardinal Decourtray ne sait pas se servir du préservatif. La preuve, c'est qu'il l'a mis à l'index.

ANDRÉ SANTINI

Caché sous la baudruche
Je veux, comme l'autruche,
Ne plus croire au danger.

DOCTEUR GEORGES CAMUSET

Président de la République
La place est bonne, malheureusement il n'y a pas d'avancement.

ARMAND FALLIÈRES

Il y a deux organes inutiles : la prostate et la présidence de la République.

GEORGES CLEMENCEAU

Prétention
Je vais en voiture, disait une oie que le renard emportait.

Proverbe persan

Prêter
Tel est le sort fâcheux de tout livre prêté,
Souvent il est perdu, toujours il est gâté.

THÉODORE LECLERCQ

Prévenu
La Libération ? J'en ai été le premier prévenu.

SACHA GUITRY

Prière

Sainte Mère de Dieu, vous qui avez conçu sans pécher, accordez-moi la grâce de pécher sans concevoir.

ANATOLE FRANCE
(prière attribuée également à Augustine Brohant)

Mon Dieu, préservez-moi des douleurs physiques. Je m'arrangerai des douleurs morales.

TRISTAN BERNARD

Ô Seigneur, s'il y a un Seigneur... Sauvez mon âme, si j'ai une âme...

ERNEST RENAN

La prière, croyez-moi, n'est souvent pour beaucoup que le besoin, quand on se sent seul, de parler à la deuxième personne.

ANDRÉ GIDE

Prison

L'homme le plus inquiet d'une prison est le directeur.

GEORGE BERNARD SHAW

Pour donner de l'attrait à la prison, il faudrait qu'elle ne fût point gratuite.

PIERRE MAC ORLAN

Privilège

Quiconque a semé des privilèges doit recueillir des révolutions.

CLAUDE TILLIER

Professionnel

N'oubliez jamais que ce sont des professionnels qui ont construit le *Titanic* et des amateurs l'Arche de Noé.

Anonyme

Profond

Il faut cacher la profondeur. Où ça ? À la surface.

HUGO VON HOFMANNSTHAL

Ce qu'il y a de plus profond dans l'homme, c'est la peau.

PAUL VALÉRY

Progrès

Mille choses avancent. Neuf cent quatre-vingt-dix-neuf reculent : c'est là le progrès.

HENRI FRÉDÉRIC AMIEL

Projets

Il ne faut jamais faire de projets, surtout en ce qui concerne l'avenir.

ALPHONSE ALLAIS

Prophète

Un prophète est un homme qui se souvient de l'avenir.

FRÉDÉRIC ROSSIF

Nul n'est prophète en son pays, mais qu'on veuille l'être à l'étranger on se fait appeler métèque.

MATHIAS LÜBECK

Propriété
Quelle étrange chose que la propriété, dont les hommes sont si envieux ! Quand je n'avais rien à moi, j'avais les forêts et les prairies, et la mer et le ciel avec les étoiles ; depuis que j'ai acheté cette vieille maison et ce jardin, je n'ai plus que cette maison et ce jardin.

ALPHONSE KARR

Prospérité
La prospérité porte avec elle une ivresse à laquelle les hommes inférieurs ne résistent jamais.

HONORÉ DE BALZAC

Protestantisme
Le protestantisme est comparable à une bibliothèque, le catholicisme à un cinéma.

RÉGIS DEBRAY

Provence
En Provence, le soleil se lève deux fois : le matin et après la sieste.

YVAN AUDOUARD

Le seul menteur du Midi, s'il y en a un, c'est le soleil. Tout ce qu'il touche, il l'exagère.

ALPHONSE DAUDET

Proverbe

Les proverbes sont particulièrement utiles dans les cas où, de nous-mêmes, nous ne trouvons pas grand-chose pour nous justifier.

ALEXANDRE POUCHKINE

Psychanalyse

Une maladie de l'esprit qui se prend pour sa propre guérison.

KARL KRAUS

Le névrosé bâtit des châteaux en Espagne ; le psychotique croit y habiter ; le psychanalyste ramasse les loyers.

VAN RILLAER

La psychanalyse s'arrête quand le patient est ruiné.

Anonyme

Ce n'est pas la psychanalyse qui est nouvelle, mais Freud. De même que ce n'est pas l'Amérique qui était nouvelle, mais Christophe Colomb. La psychanalyse a toujours existé : tous les médecins, tous les poètes, tous les hommes d'État, tous ceux qui avaient une connaissance de l'homme, devaient obligatoirement l'être, de façon inconsciente ou automatique.

ARTHUR SCHNITZLER

Un psychanalyste, c'est quelqu'un qui vous pose, pour beaucoup d'argent, des questions que votre femme vous pose pour rien.

JOE ADAMS

Psychiatre

Dans ce pays [les États-Unis], deux personnes sur une sont schizophrènes.

Anonyme

Le psychiatre est un homme qui, lorsqu'il va aux Folies-Bergère, regarde le public.

MERVYN STOCKWOOD

Public

Le public est vraiment tolérant : il pardonne tout, sauf le génie.

OSCAR WILDE

Monsieur, votre pièce est nulle !
– Mais, monsieur, le public l'applaudit.
– Certes, mais il est bien le seul.

Dialogue rapporté par BARBEY DAUREVILLY

Publicité

Pourquoi ne mettrait-on pas ces mots sur un corbillard : « Il est mort parce qu'il ne buvait pas de quinquina Dubonnet » ou encore : « Il ne portait pas de chaussures Raoul » ?

FRANCIS PICABIA

Pucelage

La virginité est le plus riche trésor des filles, mais il est bien malaisé de garder longtemps un trésor dont tous les hommes possèdent la clé.

MARÉCHAL DE BASSOMPIERRE

Puits

Picasso me citait la devise ajoutée par le duc d'Olivares sur les armes du roi d'Espagne : Un puits porte sur sa margelle : « Plus on lui prend. Plus il est grand. »

JEAN COCTEAU

Ce n'est pas le puits qui est trop profond, c'est la corde qui est trop courte.

Proverbe chinois

Punaise

La punaise est plus terrible que le remords car ce dernier respecte le sommeil du juste.

EUGÈNE CHAVETTE

Pyramides

La forme même des Pyramides est là pour nous prouver que, dans l'ancienne Égypte aussi, les ouvriers avaient déjà tendance à travailler de moins en moins.

WILL CUPPY

Q

Quarante

Quarante ans est un âge terrible, car c'est l'âge
où nous devenons ce que nous sommes.

CHARLES PÉGUY

Question

À l'éternelle triple question toujours demeu-
rée sans réponse : « Qui sommes-nous ? D'où
venons-nous ? Où allons-nous ? », je réponds :
« En ce qui me concerne personnellement, je
suis moi, je viens de chez moi et j'y retourne. »

PIERRE DAC

Quinquagénaire

Quand j'étais jeune, on me disait : « Vous ver-
rez quand vous aurez cinquante ans ! » J'ai cinquante ans… et je n'ai rien vu !

ERIK SATIE

R

Racisme

Histoire raciste :

Je passe devant un flic avec un melon sous le bras. Il m'interpelle. Il me dit : « Venez ici tous les deux ! »

SMAÏN

Réception

Une réception est faite de gens que cela excède de recevoir des gens que cela excède de venir et qui n'invitent que par utilité des gens qui ne viennent que par intérêt.

FERNAND VANDEREM

Regard

Que l'importance soit dans ton regard, non dans la chose regardée.

ANDRÉ GIDE

Regrets (éternels)

Si tu veux savoir combien de gens te regrette-
ront, plante ton doigt dans la mer, retire-le et
regarde le trou.

Cité par l'Almanach du marin breton

Relativité

Si ma théorie de la relativité est prouvée,
l'Allemagne me revendiquera comme allemand
et la France déclarera que je suis un citoyen du
monde. Mais, si ma théorie est fausse, la France
dira que je suis un Allemand et l'Allemagne
déclarera que je suis un Juif.

ALBERT EINSTEIN

Religion

La religion est une fatigante solution de
paresse.

EMIL MICHEL CIORAN

Quand ils n'ont plus de prêtres, les dieux
deviennent très faciles à vivre.

ANATOLE FRANCE

Il faut avoir une religion et ne pas croire aux
prêtres ; comme il faut avoir du régime et ne pas
croire aux médecins.

VOLTAIRE

Le meilleur dans la religion, c'est qu'elle
engendre des hérétiques.

ERNST BLOCH

Renommée

La renommée ? J'en ai déjà beaucoup plus que ceux-ci que je respecte, et je n'en aurai jamais autant que ceux-là que je méprise.

JEAN ROSTAND

Retraite

Pour tout Français, la retraite est le but suprême de l'existence. C'est avec joie qu'il envisage sa vie de vieillard. Mastiquer avec une mâchoire édentée semble être le comble de ses délices.

GEORGE MIKES

Le retraité est, comme le bouilleur de cru, un personnage éminemment français.

ALBERT THIBAUDET

La retraite, qu'est-ce que c'est, sinon la permission officielle de rouiller.

JEANINE BOISSARD

Pour la femme, retraite signifie deux fois moins d'argent et deux fois plus de mari.

Anonyme

Tircis, il faut penser à faire la retraite.
La course de nos jours est plus qu'à demi faite ;
L'âge insensiblement nous conduit à la mort,
Nous avons assez vu sur la mer de ce monde
Errer au gré des flots notre nef vagabonde ;
Il est temps de jouir des délices du port.

HONORAT DE BUEIL, SEIGNEUR DE RACAN

Rêve

Les rêves ont été créés pour qu'on ne s'ennuie pas pendant le sommeil.

PIERRE DAC

La nuit dernière, j'ai eu un rêve magnifique, ne le manquez pas.

GROUCHO MARX

Nous vivons une vie, nous en rêvons une autre, mais celle que nous rêvons est la vraie.

JEAN GUÉHENNO

Révolution

Une révolution est toujours inaugurée par des naïfs, poursuivie par des intrigants, consommée par des scélérats.

PAUL BOURGET

Si la Terre entière met un an avant d'accomplir sa révolution, comment voulez-vous qu'un petit pays fasse la sienne en quelques mois.

PIERRE DAC

Révolutionnaire

Les salons et les académies tuent plus de révolutionnaires que les prisons ou les canons.

PAUL MORAND

Riche

Il n'est pas nécessaire de mépriser le riche : il suffit de ne pas l'envier.

JULES RENARD

Moi, j'aime les gens riches, d'abord parce qu'ils sont riches, ensuite parce qu'ils ont de l'argent.

EUGÈNE LABICHE

Les riches d'aujourd'hui, c'est comme les fromages trop faits, ça ne sait plus garder les distances.

MARCEL AYMÉ

J'ai été riche et j'ai été pauvre… Croyez-moi, riche, c'est mieux !

SOPHIE TUCKER

Non seulement vous êtes riche, mais encore vous voulez qu'on vous aime comme si vous étiez pauvre. Et les pauvres, alors ! Soyez un peu raisonnable, mon ami, on ne peut tout de même pas tout leur prendre aux pauvres !

JACQUES PRÉVERT

Richesse

Il vaut mieux avoir du bien au soleil que du mal à l'ombre.

VILLIERS DE L'ISLE ADAM

Le plus gros avantage de la richesse, c'est qu'elle permet de faire des dettes.

OSCAR WILDE

Rides

Décidément, on ne sait plus faire les miroirs.

CÉCILE SOREL, âgée

Souriez, mesdemoiselles, si vous voulez plus tard avoir les rides bien placées.

MME DE MAINTENON

aux demoiselles de Saint-Cyr

Ride : pli confidentiel – ou qu'on voudrait tel.

ROBERT SABATIER

Ridicule

Le ridicule est comme la mauvaise haleine : on ne le remarque que chez le voisin.

MALCOLM DE CHAZAL

On peut bien être ridicule quand on aime, mais on ne l'est pas quand on souffre.

ALFRED DE MUSSET

Autrefois, le ridicule tuait. Aujourd'hui, il tire à deux cent mille exemplaires.

Anonyme

Rire

Le rire, comme les essuie-glaces, permet d'avancer même s'il n'arrête pas la pluie.

Cité par GÉRARD JUGNOT

Nous sommes ici-bas pour rire. Nous ne le pourrons plus au purgatoire ou en enfer. Et au paradis, ce ne serait pas convenable.

JULES RENARD

Méfie-toi de l'homme dont le ventre ne bouge pas quand il rit.

Dicton cantonnais

Il faut rire avant d'être heureux de peur de mourir sans avoir ri.

JEAN DE LA BRUYÈRE

Tout, dans la vie, est une question de savoir rire. Le rire, c'est ma thérapie.

L'amour, l'amitié, c'est surtout rire avec l'autre, c'est partager le rire que de s'aimer.

ARLETTY

… Et votre rire[1] qui s'élève et qui grandit et qui s'éteint tout doucement

Rappelle un peu le bruit magnifique et charmant

Que font les vagues sur la grève.

SACHA GUITRY

Rocking-chair

Le rocking-chair est triste. J'y ai lu tous mes livres.

JEAN L'ANSELME

---

1. Celui des spectateurs de théâtre.

Roi

Si j'étais roi… je me méfierais des as.

Roman

L'histoire est le roman qui a été. Le roman est de l'histoire qui aurait pu être.

EDMOND et JULES DE GONCOURT

Rond

La preuve que la Terre est ronde, c'est que les gens qui ont les pieds plats ont du mal à marcher.

CHARLES BERNARD

Rose

Si les roses qui ne durent qu'un jour faisaient des histoires… elles diraient : « Nous avons toujours vu le même jardinier ; de mémoire de rose on n'a vu que lui… assurément il ne meurt point comme nous, il ne change seulement pas. »

FONTENELLE

Cette formule est souvent abrégée ainsi :

De mémoire de roses, jamais on n'a vu mourir un jardinier.

À cause de la rose, l'épine aussi est arrosée.

Proverbe arabe

200

DONNEZ-NOUS DU PAIN, MAIS DONNEZ-NOUS
AUSSI DES ROSES

> Calicot des ouvriers textiles
> du Massachusetts en grève (1912)

Un peu de parfum adhère toujours à la main
qui offre des roses.

> Proverbe chinois

Mieux vaut de respirer que de cueillir les roses
Et les plus beaux jardins sont où l'on n'entre
pas.

> FERNAND GREGH

Une rose ne saurait naître d'un oignon.

> THÉOGNIS

Le premier qui compara la femme à une rose
était un poète ; le second était un imbécile.

> Attribué à GÉRARD DE NERVAL

À quoi l'on ajoute : et le troisième était un
classique.

Rouble

Quelle différence y a-t-il entre un rouble et
un dollar ?
— Un dollar !

> Anonyme

S

Sablier

Les sabliers ne servent pas seulement à nous rappeler la fuite du temps, ils évoquent également la poussière que nous deviendrons un jour.

GEORG CHRISTOPH LICHTENBERG

Sabre

Ce sabre est le plus beau jour de ma vie… À la tête de votre phalange, messieurs, je jure de soutenir, de défendre nos institutions et, au besoin, de les combattre.

HENRI MONNIER

Saint

Les saints sculptés ont eu beaucoup plus d'influence dans le monde que les saints vivants.

GEORG CHRISTOPH LICHTENBERG

Santé

La santé peut paraître à la longue un peu fade :

Il faut, pour la sentir, avoir été malade.

JEAN-FRANÇOIS COLIN D'HARLEVILLE

Savant

Je croyais qu'un savant c'était toujours un homme qui cherche une vérité, alors que c'est souvent un homme qui vise une place.

JEAN ROSTAND

Scaphandrier

Je connais un homme qui est mort d'avoir fait un trou à son pantalon... Il était scaphandrier.

HENRI DE TOULOUSE-LAUTREC

Science

Plus la science accroît le cercle de ses connaissances et plus grandit autour le cercle d'ombre.

HENRI POINCARÉ

Un peu de science éloigne de Dieu, beaucoup de science y ramène.

LOUIS PASTEUR

Ce n'est pas dans la science qu'est le bonheur, mais dans l'acquisition de la science.

EDGAR ALLAN POE

Secret

C'est une erreur de croire qu'une femme peut garder un secret. Elles le peuvent, mais elles s'y mettent à plusieurs.

SACHA GUITRY

Sectaire

Sectaire : Celui qui ne voit qu'une étoile dans le ciel.

ANDRÉ PRÉVOT

Semblant

Faites semblant de pleurer, mes amis, puisque les poètes ne font que semblant d'être morts.

JEAN COCTEAU

Sénat

LITANIE – LITURGIE – LÉTHARGIE

EDGAR FAURE

Je resterai député jusqu'à ma mort, après quoi j'irai au Sénat.

Attribué à FRÉDÉRIC-DUPONT
(cité par RAYMOND CASTANS)

Séparation

Ma femme est partie avec un autre, alors, je l'ai quittée.

WOODY ALLEN

Septuagénaire

À soixante-dix ans commence l'été indien de la vie.

PR EDWIN SCHNEIDMAN

Le premier animal domestique d'Adam après l'expulsion du Paradis fut le serpent.

FRANZ KAFKA

Seul

Qui mange seul s'étrangle seul.

Proverbe arabe

Seul : en mauvaise compagnie.

AMBROSE BIERCE

Il n'y a pas d'homme plus seul dans la mort – excepté le suicidé – que l'homme qui a vécu de nombreuses années avec une bonne épouse et qui lui survit.

ERNEST HEMINGWAY

Sexagénaire

On devient jeune à soixante ans. Malheureusement, c'est trop tard.

PABLO PICASSO

Les hommes de soixante ans, en dehors de moi, me font l'effet d'en avoir soixante-dix.

TRISTAN BERNARD

Soixante ans. Ce déguisement de vieillard qu'il va falloir porter...

JEAN ROSTAND

Sexe

Le sexe sans amour est une expérience vide.

– Oui, mais parmi les expériences vides, c'est une des meilleures !

WOODY ALLEN

Si

Si, en 1963, c'était Khrouchtchev et non Kennedy qui avait été assassiné, que se serait-il passé ?

Réponse de l'écrivain Gore Vidal : « Avec l'histoire, on ne peut jamais être sûr de rien, mais je crois pouvoir assurer qu'Aristote Onassis n'aurait pas épousé Mme Khrouchtchev ! »

Cité par FRÉDÉRIC RAPHAEL

Silence

Le silence, c'est la mort, et toi, si tu te tais, tu meurs et si tu parles, tu meurs. Alors, dis et meurs !

TAHAR DJAOÛT
(assassiné en 1993 par les islamistes)

Un spectateur complimentait Lucien Guitry :

– Quand vous dites le texte, monsieur Guitry, vous êtes merveilleux... mais c'est dans les silences que vous êtes particulièrement admirable !

Et Lucien Guitry de répondre :

– C'est parce que les silences sont de moi !

Ô privilège du génie ! Lorsque l'on vient d'entendre un morceau de Mozart, le silence qui lui succède est encore de lui.

SACHA GUITRY

Le silence est l'expression la plus parfaite du mépris.

GEORGE BERNARD SHAW

Mon ami,

Je n'ai rien à vous écrire. Voici des heures que je rêve au-dessus de ce papier blanc. Je vous l'envoie. Regardez-le longuement à votre tour. Je vous offre toutes les richesses de mon silence.

ANDRÉ BEUCLER

Singe

Quand Nietzsche écrivait que la bonté des singes lui faisait douter que l'homme en eût pu descendre, il s'illusionnait sur les qualités de ces quadrumanes avides, cruels et lubriques. Ce sont bien les aïeux qu'il nous fallait.

JEAN ROSTAND

Si les singes savaient s'ennuyer, ils pourraient devenir des hommes.

WOLFGANG VON GOETHE

Il importe peu de descendre du singe ; l'essentiel est de ne pas y remonter.

RICHARD WAGNER

Socialiste

Christophe Colomb fut le premier socialiste : il ne savait pas où il allait, il ignorait où il se trouvait… et il faisait tout ça aux frais du contribuable.

WINSTON CHURCHILL

Je déteste un certain socialisme, parce qu'il a la haine de l'argent au lieu d'en avoir le mépris.

CHARLES FERDINAND RAMUZ

Je lis sur une enseigne du vieux Nice : RESTAURANT OUVRIER – CUISINE BOURGEOISE. C'est bien le programme de certains de mes amis socialistes.

ÉDOUARD HERRIOT

Le capitalisme est l'exploitation de l'homme par l'homme. Le socialisme c'est exactement l'inverse.

ARTHUR KOESTLER

Soif

Je meurs de soif auprès de la fontaine
Rien ne m'est sûr que la chose incertaine.

FRANÇOIS VILLON

Soirée

J'ai passé une excellente soirée… mais ça n'était pas celle-ci.

GROUCHO MARX
en prenant congé

Soleil

Aujourd'hui, j'ai permis au soleil de se lever plus tôt que moi.

GEORG CHRISTOPH LICHTENBERG

Solitude

On ne tombe pas dans la solitude, parfois on y monte.

HENRI THOMAS

On peut tout acquérir dans la solitude, hormis du caractère.

STENDHAL

Sommeil

Son sommeil était, de beaucoup, ce qu'elle avait de plus profond.

SACHA GUITRY

Il soupa d'un cochon de lait, se déshabilla, se glissa sous la couverture et s'endormit aussitôt d'un profond sommeil, du merveilleux sommeil, apanage des heureux mortels qui ignorent les puces, les hémorroïdes et l'excès d'intelligence.

NICOLAS GOGOL

La durée de sommeil nécessaire à chacun est d'environ encore cinq minutes... de plus.

MAX KAUFFMAN

Son sommeil est si profond que, le matin, il faut envoyer chercher une écaillère pour lui ouvrir les yeux.

AURÉLIEN SCHOLL

Sonore

Défiez-vous des mots sonores : rien n'est plus sonore que ce qui est creux.

ALPHONSE KARR

Sot

La femme la plus sotte peut mener un homme intelligent ; mais il faut qu'une femme soit bien adroite pour mener un imbécile.

RUDYARD KIPLING

Souffrir

Souffrir passe. Avoir souffert ne passe pas.

MADAME LOUISE-MARIE DE FRANCE

Sourd

Il croit qu'il devient sourd parce qu'il n'entend plus parler de lui.

TALLEYRAND
(à propos du vieux Chateaubriand)

Il ne faut jamais gifler un sourd. Il perd la moitié du plaisir : il sent la gifle mais ne l'entend pas.

GEORGES COURTELINE

Beethoven était tellement sourd que toute sa vie il a cru qu'il faisait de la peinture.

FRANÇOIS CAVANNA

Quand tu es né, tu pleurais et tout le monde souriait autour de toi. Tâche, quand tu vas mourir, de sourire et que tout le monde pleure.

Proverbe arabe

Souvenir

Et il ne suffit pas d'avoir des souvenirs. Il faut savoir les oublier quand ils sont nombreux et il faut avoir la grande patience d'attendre qu'ils reviennent.

RAINER MARIA RILKE

Le souvenir est un poète, n'en fais pas un historien.

PAUL GÉRALDY

Le souvenir du bonheur n'est plus du bonheur ; le souvenir de la douleur est de la douleur encore.

LORD BYRON

Je n'ai pas encore assez oublié pour avoir des souvenirs.

JEAN ROSTAND

Souveraineté

Il y a deux vérités qu'il ne faut jamais séparer en ce monde :

1) que la souveraineté réside dans le peuple ;
2) que le peuple ne doit jamais l'exercer.

RIVAROL

Soviétique

Quelle était la nationalité d'Adam et d'Ève ?
Ils étaient soviétiques.

D'abord, ils vivaient nus, ensuite ils n'avaient qu'une pomme à partager. Et enfin, ils se croyaient au Paradis.

Histoire racontée en Russie

Qu'est-ce qu'un quatuor soviétique ?
Réponse : c'est l'Orchestre philharmonique de Moscou après une tournée en Occident.

Anonyme

Spinoza

Spinoza est le seul qui n'ait jamais lu Spinoza.

FRANCIS PICABIA

C'était un homme doux, de chétive santé
Qui tout en fabriquant des verres de lunettes
Mit l'essence divine en formules très nettes
Si nettes que le monde en fut épouvanté.

Anonyme

Sport

Le seul sport que j'aie jamais pratiqué, c'est la marche à pied, quand je suivais les enterrements de mes amis sportifs.

GEORGE BERNARD SHAW

Pratiqué avec sérieux, le sport n'a rien à voir avec le fair-play. Il déborde de jalousie haineuse, de bestialité, du mépris de toute règle, de plaisir sadique et de violence ; en d'autres mots, c'est la guerre, les fusils en moins.

GEORGE ORWELL

Le sport est l'espéranto des races.

JEAN GIRAUDOUX

Stalinisme

Le stalinisme, c'est la voie la plus longue pour aller du capitalisme... au capitalisme.

LECH WALESA

Statistiques

Les statistiques, c'est comme le bikini : ça donne des idées, mais ça cache l'essentiel.

Anonyme

La statistique a démontré que la mortalité dans l'armée augmente sensiblement en temps de guerre.

ALPHONSE ALLAIS

On exagère les progrès de la délinquance juvénile : au temps d'Adam et d'Ève, elle était de 50 %.

MGR RHODAIN

Statue

On diminue la taille des statues en s'en éloignant, celle des hommes en s'en approchant.

ALPHONSE KARR

Les statues ne font que nommer l'oubli. On n'est jamais plus mort qu'en bronze.

ALEXANDRE VIALATTE

Stratégie

La stratégie, ça consiste à continuer à tirer pour faire croire à l'ennemi qu'on a encore des munitions.

MICHEL CHRESTIEN

Style

Une phrase trop chargée d'adjectifs est comme une armée où chaque soldat serait accompagné de son valet de chambre.

QUINTILLIEN

L'épithète doit être la maîtresse du substantif, jamais sa femme légitime.

ALPHONSE DAUDET

Une phrase bien écrite est celle dont on ne saurait enlever une syllabe sans fausser la mesure de la phrase.

PIERRE LOUŸS

Subjonctif

Docteur, ma femme est clouée au lit, j'aimerais que vous la vissiez.

Anonyme

Que serait la vie sans l'imparfait du subjonctif... ?

ALEXANDRE VIALATTE

Succès

Le succès des autres m'excite cinq minutes et m'abat longtemps.

JULES RENARD

Suicide

Le suicide est le doute allant chercher le vrai.

XAVIER FORNERET

Je considère le suicide comme une lâcheté c'est un duel avec un adversaire désarmé.

ALFRED CAPUS

Suisse

Les Suisses ont su construire un très beau pays autour de leurs hôtels.

GEORGE MIKES

Les Suisses sont des gens qui ont beaucoup d'argent et beaucoup d'esprit, mais qui ne font jamais voir ni l'un ni l'autre.

CHEVALIER DE BOUFFLERS

Un Suisse, un monologue
Deux Suisses, un dialogue
Trois Suisses, un catalogue.

Anonyme

En Suisse, un homme dans la rue s'est soudain retourné et a violemment écrasé un escargot. Interrogé par la police, il a déclaré : « Ça fait des heures qu'il me suivait. »

COLUCHE

Dieu veille sur la Suisse ! C'est pas fatigant.

LOVA GOLOVTCHINA

Je me suis suissidé.

FRÉDÉRIC DARD
après s'être installé en Suisse

La Suisse est formée par d'énormes tas de neige, que l'incurie des habitants et les négligences de la voirie ont laissés depuis des années s'accumuler sur certains points jusqu'à 4 412,55 mètres de hauteur. C'est une honte !

VINCENT HYSPA

C'est la première fois que j'écris SUISSESSES et je suis épouvanté par la quantité d'« s » absorbée par ce simple mot (six « s » pour dix lettres).

ALPHONSE ALLAIS

Superflu
La conquête du superflu donne une excitation spirituelle plus grande que la conquête du néces-saire.

GASTON BACHELARD

Superstition
La superstition, c'est tout simplement l'art d'assumer les coïncidences.

JEAN COCTEAU

Surréalisme
La différence entre les surréalistes et moi, c'est que je suis surréaliste.

SALVADOR DALÍ

Syllogisme
Les Bulgares vivent vieux
Mangez du yaourt
Vous deviendrez bulgare.

Anonyme

Le jambon fait boire
Or, le boire désaltère
Donc, le jambon désaltère.

MICHEL DE MONTAIGNE

Tous les chats sont mortels
Or, Socrate est mortel
Donc, Socrate est un chat.

EUGÈNE IONESCO

Système

L'absence de système est encore un système, mais le plus sympathique.

TRISTAN TZARA

T

Tabac

Quand il lut quelque part que fumer pouvait provoquer le cancer, il arrêta de lire.

A. KIRWAN

Ceux que la fumée n'empêche pas de tousser et que la toux n'empêche pas de fumer ont droit à la reconnaissance de la Régie française des tabacs.

PIERRE DAC

Mon médecin m'a toujours dit de fumer. Il ajoute à ses conseils :

— Fumez, mon ami : sans cela un autre fumera à votre place.

ERIK SATIE

— Le tabac ne vous dérange pas ?

— Je l'ignore, monsieur. Personne jusqu'à présent n'a osé fumer en ma présence.

PRINCESSE DE METTERNICH

Table

Quand sur la table arrive un morceau d'im-
portance,
L'élémentaire tact te prescrit le silence.
Une dinde, un pâté, voire un saucisson d'Arles
Sont manifestement plus éloquents que toi.

RAOUL PONCHON

La table est le seul endroit où l'on ne s'ennuie
jamais pendant la première heure.

ANTHELME BRILLAT-SAVARIN

Tango

On ne voit que des figures qui s'ennuient et
des derrières qui s'amusent.

GEORGES CLEMENCEAU

Téléphone

Dieu, que tu étais jolie, ce soir, au téléphone.

SACHA GUITRY

Quand une femme qui me plaît me fait demander au téléphone, je me donne vite un coup de
peigne avant d'y aller.

SACHA GUITRY

Le téléphone ? Alors, on vous sonne et vous y
allez !

EDGAR DEGAS

Je n'aime pas qu'on me téléphone – et je
donne d'interminables coups de téléphone pour

que, pendant ce temps-là, personne ne puisse me téléphoner.

SACHA GUITRY

Télévision

Je trouve que la télévision est très favorable à la culture. Chaque fois que quelqu'un l'allume chez moi, je vais dans la pièce à côté et je lis.

GROUCHO MARX

Depuis que j'ai la télé, je mange mieux. Non pas parce que ma femme cuisine mieux, mais tout simplement parce que je ne regarde pas ce qui est dans mon assiette.

Un chauffeur de taxi à PIERRE TCHERNIA

Nous devons beaucoup à Thomas Edison. Sans lui, nous regarderions la télévision à la lueur des bougies.

MILTON BERLE

La télévision n'exige du spectateur qu'un acte de courage – mais il est surhumain – c'est de l'éteindre.

PASCAL BRUCKNER

Il y a deux catégories de télévision : la télévision intelligente qui fait des citoyens difficiles à gouverner et la télévision imbécile qui fait des citoyens faciles à gouverner.

JEAN GUÉHENNO

La télévision n'est pas faite pour être regardée, mais pour qu'on y passe.

NOEL COWARD

Temps

Le temps perdu se rattrape toujours. Mais peut-on rattraper celui qu'on n'a pas perdu ?

ALEXANDRE VIALATTE

La radio marque les minutes de la vie ; le journal, les heures ; le livre, les jours.

JACQUES DE LACRETELLE

J'ai tellement besoin de temps pour ne rien faire qu'il ne m'en reste plus assez pour travailler.

PIERRE REVERDY

Le temps, c'est de l'argent. Sur les tempes.

ROBERT SABATIER

Test

Les tests d'intelligence mesurent-ils réellement l'intelligence ? Ou bien l'aptitude à passer des tests ?

DAVID COHEN

Testament

J'ai déchiré le testament que je venais d'écrire. Il faisait tant d'heureux que j'en serais arrivé à me tuer pour ne pas trop les faire attendre.

SACHA GUITRY

Thé

Je sais maintenant pourquoi les Anglais préfèrent le thé : je viens de goûter leur café.

PIERRE-JEAN VAILLARD

Théâtre

Je n'ai pas aimé cette pièce, mais il faut dire que je l'ai vue dans de très mauvaises conditions : le rideau était levé et les acteurs articulaient parfaitement.

GROUCHO MARX

Au théâtre, tu joues.
Au cinéma, tu as joué.

LOUIS JOUVET à FRANÇOIS PÉRIER

Théorie

Une œuvre où il y a des théories est comme un objet sur lequel on laisse la marque du prix.

MARCEL PROUST

Tigre

Ne blâme pas Dieu d'avoir créé le tigre, mais remercie-le de ne pas lui avoir donné d'ailes.

Proverbe amharique

Titres nobiliaires

Dans la position où je suis[1], je ne trouve de noblesse que dans la canaille que j'ai négligée, et de canaille que dans la noblesse que j'ai faite.

NAPOLÉON IER

Tolérance

S'il fallait tolérer aux autres tout ce qu'on se permet à soi-même, la vie ne serait plus tenable.

GEORGES COURTELINE

La tolérance ? il y a des maisons pour ça !

PAUL CLAUDEL

Tôt

Le duc de Guise fut assassiné à 5 heures du matin. Vraiment pas la peine de se lever si tôt.

RAYMOND QUENEAU

Tourisme

Le tourisme est l'industrie qui consiste à transporter des gens qui seraient mieux chez eux, dans des endroits qui seraient mieux sans eux.

JEAN MISTLER

---

1. Écrit en 1814.

Tout

Quand on refuse tout, on peut se permettre tout.

JACQUES CHARDONNE

Tragédie

Il n'y a que deux tragédies dans la vie : l'une est de ne pas avoir ce que l'on désire ; l'autre est de l'obtenir.

OSCAR WILDE

Travail

Le travail, c'est la santé... Mais à quoi sert alors la médecine du travail ?

PIERRE DAC

J'aime le travail, il me fascine. Je peux le contempler pendant des heures. J'adore le garder près de moi. L'idée de m'en débarrasser me brise le cœur.

JEROME K. JEROME

U

Ulysse
Que vouliez-vous qu'il fît contre Troie ?
ROLAND BACRI

Univers
L'univers n'est jamais qu'une idée fugitive dans l'esprit de Dieu – pensée joliment inquiétante, pour peu que vous veniez d'acheter une maison à crédit.
WOODY ALLEN

Utilité
Les hommes vous estiment en raison de votre utilité sans tenir compte de votre valeur.
HONORÉ DE BALZAC

V

Vacance

La vacance des grandes valeurs n'enlève rien à la valeur des grandes vacances.

HENRI WEBER

On ne saurait aller chercher trop loin le plaisir de rentrer chez soi.

PAUL MORAND

Var

Clemenceau, sénateur du Var, comparait les Varois à des radis : « Rouges dehors, blancs dedans... et toujours près de l'assiette au beurre. »

Vaurien

Quand on traite de vaurien quelqu'un qui ne vaut pas grand-chose, on lui cause un préjudice commercial.

YVAN AUDOUARD

Veille

Le 17 juin 1940, personne ne savait qu'un nommé Charles de Gaulle parlerait le 18.

ALEXANDRE SANGUINETTI

Venise

Venise, cette ville où les pigeons marchent et où les lions volent.

JEAN COCTEAU

Venise pourrit : on a enlevé les fleurs, il reste l'eau.

JEAN COCTEAU

Une gondole, c'est un cercueil avec une rame.

WOLFGANG VON GOETHE

La première chose qui frappe l'odorat du voyageur arrivant à Venise, c'est l'absence totale de parfum de crottin de cheval.

ALPHONSE ALLAIS

Venise, c'est le masque de l'Italie.

LORD BYRON

Venise : quelle ville pour les marins ! Tout flotte et rien ne roule. Un silence divin !

ANDRÉ SUARÈS

À Venise, aux enterrements de troisième classe, la famille suit à la nage.

ROBERT ROCCA

Vent

Être dans le vent : une ambition de feuille morte.

GUSTAVE THIBON

Verbe

Au commencement était le verbe : c'était déjà mal parti.

ROGER NIMIER

Vérité

Ce qui, probablement, fausse tout dans la vie, c'est qu'on est convaincu qu'on dit la vérité parce qu'on dit ce qu'on pense.

SACHA GUITRY

La vérité, comme la lumière, aveugle. Le mensonge, au contraire, est un beau crépuscule qui met chaque objet en valeur.

ALBERT CAMUS

Verlaine

Verlaine ressemble beaucoup à Villon : ce sont deux mauvais garçons à qui il fut donné de dire les plus douces choses du monde.

ANATOLE FRANCE

Verre

Il est plus facile de se laver les dents dans un verre à pied que les pieds dans un verre à dents.

GEORGES BIDAULT

Vice

Le sage doit garder un vice pour ses vieux jours.

ALEXANDRE VIALATTE

Vie

Toute vie est, bien entendu, un processus de démolition.

FRANCIS SCOTT FITZGERALD

La vie m'aura servi de leçon. Je ne recommencerai pas.

FRÉDÉRIC DARD

On se demande parfois si la vie a un sens… et puis on rencontre des êtres qui donnent un sens à la vie.

BRASSAÏ

La vie est courte, mais on s'ennuie quand même.

ERNEST FEYDEAU

La vie est pièce de théâtre : ce qui compte, ce n'est pas qu'elle dure longtemps, mais qu'elle soit bien jouée.

SÉNÈQUE

La première moitié de notre vie est gâchée par nos parents. La seconde par nos enfants.

CLARENCE DARROW

La vie est une forme de maladie sexuellement transmissible.

DR PETR SKABANEK

La vie inspire plus d'effroi que la mort : c'est elle qui est le grand inconnu.

EMIL MICHEL CIORAN

La vie est la première partie de la mort.

JEAN COCTEAU

La vie, cette goutte de lait et d'absinthe.

HENRI LACORDAIRE

La vie, hélas ! n'est qu'un tissu de coups de poignard qu'il faut savoir boire goutte à goutte.

HENRI MONNIER

La vie est à peine un peu plus vieille que la mort.

PAUL VALÉRY

La vie n'est ni longue ni courte ; elle a des longueurs.

JULES RENARD

Une vie ne vaut rien, mais rien ne vaut une vie.

ANDRÉ MALRAUX

Oui, ma vie m'intéresse plus que celle de Jules César et elle touche à tant d'autres vies comme un pré au milieu d'autres prés.

JULES RENARD

On s'éveille, on se lève, on s'habille et l'on sort,
On rentre, on dîne, on soupe, on se couche et l'on dort.

ANTOINE DE PIIS

Vieillard

Les vieillards et les comètes ont été vénérés et redoutés pour la même raison : leurs longues barbes et leur prétention à prédire les événements.

JONATHAN SWIFT

En Afrique, un vieillard qui meurt, c'est une bibliothèque qui brûle.

AMADOU HAMPATÉ BÂ

Un vieillard ne dit pas : « Je t'aime ! », il dit : « Aimez-moi ! »

MAX JACOB

Vieillesse

De tous les événements inattendus, le plus inattendu, c'est la vieillesse.

LÉON TROTSKI

C'est merveilleux la vieillesse... dommage que ça finisse si mal !

FRANÇOIS MAURIAC

Un des privilèges de la vieillesse, c'est d'avoir, outre son âge, tous les âges.

VICTOR HUGO

La vieillesse, en définitive, n'est que la punition d'avoir vécu.

EMIL MICHEL CIORAN

La vieillesse arrive brusquement, comme la neige. Un matin, au réveil, on s'aperçoit que tout est blanc.

JULES RENARD

La vieillesse, c'est quand on commence à se dire : « Je ne me suis jamais senti aussi jeune. »

JULES RENARD

Vieillir

Vieillir, c'est trois choses : la première, c'est perdre la mémoire, les deux autres je ne m'en souviens plus.

RONALD REAGAN

Vieillir est encore le seul moyen que l'on ait trouvé pour vivre longtemps.

CHARLES AUGUSTIN SAINTE-BEUVE

J'ai revu un ami l'autre jour. Il avait tellement changé qu'il ne m'a pas reconnu.

TRISTAN BERNARD

Vieillir, c'est quand on dit « tu » à tout le monde et que tout le monde vous dit « vous ».

MARCEL PAGNOL

Vieux

Je ne serai jamais vieux. Pour moi, être âgé, c'est avoir quinze ans de plus que moi.

BERNARD BARUCH

On demandait à une vieille, très vieille dame comment elle se débrouillait pour occuper ses journées.

– Ben, voyez-vous, je tousse un peu, je gronde un peu, je prie un peu… et tout cela m'aide à passer le temps.

FREDERICK LOCKER-LAMPSON

Une dame, au cours d'un dîner, déclarait :
– Moi, quand je serai vieille, je me tuerai !
Alors, Forain, dans le silence :
– Feu !
Peu de gens savent être vieux.

FRANÇOIS DE LA ROCHEFOUCAULD

Si vous voulez vivre longtemps, vivez vieux.

ERIK SATIE

Ville

La ville a une figure, la campagne a une âme.

JACQUES DE LACRETELLE

Comme remède à la vie en société, je suggère les grandes villes : c'est le seul désert à notre portée.

ALBERT CAMUS

Vin

Un bon vin ? c'est pas compliqué : c'est un vin qu'on a envie de reboire.

> Maxime des vignerons en Beaujolais

Qui n'aime point le vin, les femmes ni les chants
Il restera un sot toute sa vie durant.

> Attribué à MARTIN LUTHER

Il faut s'efforcer d'être jeune comme un beaujolais et de vieillir comme un bourgogne.

> ROBERT SABATIER

Vingt (ans)

Tu as vingt ans.

Si tu m'aimes, tu m'ôtes vingt ans. Si tu ne m'aimes pas, tu me les ajoutes.

> SACHA GUITRY

Écrire des vers à vingt ans, c'est avoir vingt ans. En écrire à quarante, c'est être poète.

> FRANCIS CARCO

J'avais vingt ans. Je ne laisserai personne dire que c'est le plus bel âge de la vie.

> PAUL NIZAN

À quinze ans, vingt ans tout au plus, on est déjà achevé d'imprimer.

> ALPHONSE DAUDET

Quand on a vingt ans de plus qu'une femme, c'est elle qui vous épouse.

> SACHA GUITRY

Violon

Je n'ai pas de violon d'Ingres. Je le déplore. J'aurais aimé passer mes journées au travail et mes nuits au violon.

FRANCIS BLANCHE

Je voudrais être le Paganini du violon d'Ingres.
JEAN COCTEAU

Visage

Ces visages qu'il suffit de voir une seule fois pour les oublier à jamais.

OSCAR WILDE

Visite

On fait toujours plaisir aux gens en venant les voir : si ce n'est en entrant, c'est en sortant.

DOM CROCHON

Vison

Comment font les filles pour avoir des visons ? Exactement la même chose que font les visons pour avoir des visons.

Graffiti à Londres

Vivre

Vivre, c'est s'obstiner à achever un souvenir.
RENÉ CHAR

Vivre est une chute horizontale.

JEAN COCTEAU

Vivre est une maladie dont le sommeil nous soulage toutes les seize heures ; c'est un palliatif : la mort est le remède.

CHAMFORT

Étudiez comme si vous deviez vivre toujours. Vivez comme si vous deviez mourir demain.

SAINT ISIDORE DE SÉVILLE

Vivre, c'est survivre à un enfant mort.

JEAN GENET

Voix

La voix est un second visage.

GÉRARD BAUER

Vosges

Dans les Vosges, il y a deux saisons dans l'année : l'hiver et le 15 août.

Anonyme

Vouloir

N'attends pas que les événements arrivent comme tu le souhaites. Décide de vouloir ce qui arrive… et tu seras heureux.

ÉPICTÈTE

Voyage

Le voyage est un retour vers l'essentiel.

Maxime tibétaine

Acheter un costume neuf, c'est déjà voyager à l'étranger.

GROUCHO MARX

Les voyages prouvent moins de curiosité pour les choses que l'on va voir que d'ennui de celles que l'on quitte.

ALPHONSE KARR

Je réponds ordinairement à ceux qui me demandent raison de mes voyages que je sais bien ce que je fuis mais non pas ce que je cherche.

MICHEL DE MONTAIGNE

X

Xénophobie

Selon les latitudes, la haine de l'étranger change de nom. En Europe, elle s'appelle patriotisme, en Chine, xénophobie.

FERNAND VANDEREM

Y

Yeux

J'ai peur que mes yeux ne fassent des trous dans le ciel.

FRIEDRICH NIETZSCHE

Z

Zéro

Tu veux te décupler, te centupler ? Trouve des zéros.

FRIEDRICH NIETZSCHE

Les courtisans sont des zéros
Leur valeur dépend de leur place
Dans la faveur... des millions
Et des zéros dans la disgrâce !

GEORGES DE BRÉBEUF

Zeugme

(Variété d'ellipse qui consiste à ne pas répéter un mot précédemment exprimé.)SAR le duc de Gênes semblait en éprouver une très vive.

ALPHONSE ALLAIS

Zoo

Au zoo, tous les animaux se tiennent convenablement, à l'exception du singe. On sent que l'homme n'est pas loin.

EMIL MICHEL CIORAN

Index

RÉALISATION : IGS-CHARENTE-PHOTOGRAVURE À L'ISLE-D'ESPAGNAC

Cet ouvrage a été imprimé en France par
CPI Bussière
à Saint-Amand-Montrond (Cher)
en décembre 2010.
N° d'édition : 97000-5. - N° d'impression : 101611.
Dépôt légal : février 2008.